W(ho)W(hat)W(hy).유정복.com

유정복 지음

책을 내며

겨울이 깊다.

연일 한파주의보가 발령될 정도로 혹한의 기류가 한반도 상공을 감싸고 있는 가운데 만 2년째 기승을 부리는 코로나19는 자영업자를 비롯한 서민들의 삶을 더욱 어렵게 만들고 있다.

시국강연이나 소규모 단체의 초청을 받아 민생현장 속으로 달려가다 보면, 불야성을 이루었던 골목과 젊은이들의 웃음소리로 넘쳐났던 거리는 차가운 겨울바람만 스쳐 가고 밤 9시 이후가 되면 이 겨울만큼이나 황량한 도시가 된다.

오늘의 이러한 삶의 풍경과 마스크 너머로 보이는 시민들의 불안한 눈빛을 보노라면 국민의 편안한 삶을 책임져야 하는 정치인의 한 사람으로서 죄송스러움과 자괴감을 느끼지 않을 수 없다.

더구나 '한 번도 경험해 보지 못한 나라를 만들겠다'며 '기회는 평등, 과정은 공정, 결과는 정의로 울 것'이라고 약속했던 문재인 정부의 폭정 앞에서, 이 겨울보다 천배는 더 추운 참을 수 없는 분노를 삭일 수가 없다.

'특권과 반칙이 없는 세상', '상식대로 해야 이득을 보는 세상을 만들

WhoWhatWhy.유정복.com

겠다'는 대통령의 취임사를 믿고, 알뜰히 저축하며 땀 흘려 일했던 국민들은 결과적으로 치솟은 집값과 늘어난 가계 빚에 허덕이며 대통령과 장관으로부터 보기 좋게 조롱을 당하고 화병에 시달리고 있다.

나는 민선6기 인천시장에서 물러난 직후 미국 조지워싱턴대학으로 연수를 떠났다가 참을 수 없는 정권의 무능과 부도덕함을 보다못해 조기 귀국하여 국민과 함께 투쟁해 왔다.

정말로 지난 4년간의 문재인 정부는 국가권력을 개인권력 인양 사유화함으로써 정의와 공정은 실종되고 오로지 그들만의 리그로 전락하여 나눠 먹기, 편 가르기, 뒤집어씌우기, 재갈 물리기의 권력이었을 뿐이다.

이처럼 부도덕한 정권과 맞서면서 나는 다시 한번 마음을 다잡았다. 국가와 국민을 위해 내가 할 수 있는 일을 찾고 이 한 몸 다 바쳐 투쟁과 헌신의 길에 나서겠다는 각오다.

이러한 마음의 표현으로 'www.유정복.com'이라는 제목으로 책을 발간한다.

이 책은 정치인 유정복이 누구인가를 알리는 부분도 있지만 지난 민선6기 인천시장 재임 시기를 비롯한 정치인 유정복이 해온 일들과 유정복이 꿈꾸는 국가와 인천시의 미래를 시민께 알리는 보고서이기도 하다.

그래서 국가권력이나 지방 권력이 잘못 행사되고 있는 현실에 대한 간접 증언과 함께 그 비교를 통해 새로운 희망을 열어가게 되기를 소망한다.

겨울이 깊다.

겨울이 깊어갈수록 봄은 가까워진다.

코로나19로 인한 어둠의 터널도, 정권에 의해 수탈당한 국민의 삶도, 지치고 힘든 이 지긋지긋한 불황의 늪도, 오는 봄과 함께 모두 사라지기를 국민과 함께 기다리기로 한다.

그리고 다짐한다.

전국에서 열화와 같이 들끓고 있는 만백성들의 원성을 등에 업고 새로운 나라, 새로운 세상, 새로운 인천을 위해 3월의 유관순 열사처럼

WhoWhatWhy.유정복.com

앞장서 싸울 것임을 다짐한다.

그리고 이 길에 국민과 인천시민과 당원과 유정복을 아끼는 모든 지인이 동지로써 함께 구국의 대오에 결연히 나서주기를 소망한다.

끝으로 이 책이 나오기까지 성원해주신 동지들께 감사를 표하고 아낌없는 사랑으로 유정복을 기억해 주시는 모든 분과 인천시민들께 고맙다는 인사를 올린다.

2022년 2월

유 정 복

차 례

Who 유정복은 누구인가?

- 사진과 함께 보는 발자취 / 14
- 유정복 연보 / 22
- 송림동 개구쟁이 김포군수가 되기까지 / 24
- 거부할 수 없었던 운명의 변곡점
  - 정치입문 제2의 인생 / 38
  - 무소속 김포군수 출마 / 40
  - 제17대 국회의원 출마 / 44
  - 장관 취임 / 50
  - 인천시장 출마 / 54
- 이런 일도 있었지요
  - 여야 만장일치로 통과된 장관 청문회 / 64
  - DMZ 유도(留島) 황소 구출 / 68
  - 유커 4,500명 월미도서 치맥 파티 / 75
  - 모친상(母親喪) 조의금으로 장학회 설립 / 78

차 례

What 유정복은 무엇을 하였고 앞으로 무엇을 할 것인가?

- 지금까지 유정복은 무엇을 하였는가?
  - 위기관리 / 86
  - 난제해결 / 92
  - 창조와 혁신 / 102
  - 지방자치 역사 견인 / 120
  - 세계를 무대로 / 125
  - 기록제조기 / 137
- 민선6기 주요 사업성과 연보 / 145
- 앞으로 유정복은 무엇을 할 것인가?
  - 그랜드 비전(Grand Vision)
    - 대한민국을 넘어 글로벌 중심도시 / 152
  - 지방자치와 정치발전 비전 / 160
  - 인천의 현안 해결 비전
    1. 4차 산업혁명시대 경쟁력 있는 도시 / 164
    2. 모든 길은 인천으로 연결되는 편리한 도시 / 167
    3. 주민이 직접 참여하는 도시재생 추진 / 170
    4. 일하기 좋은 경제도시 / 174
    5. 쾌적한 녹색문화가 있는 도시 / 178
    6. 모두가 건강하고 안전한 살기좋은 행복도시 / 182

W^{hy} 유정복은 왜 정치를 하는가?

- 나는 왜 정치를 하는가?
  - 정치를 하는 이유 / 195
  - 국가 지도자의 리더십 / 202
  - 정치 지도자의 길 '책임과 진정성' / 205
- 왜 비전 정치인가?
  - 인천의 비전 정치 왜 중요한가? / 210
  - 비전 정치 체계란? / 212
  - 인천의 비전 '시민행복 초일류도시' / 213
  - 인천의 사명 'all ways INCHEON' / 216
  - 인천의 핵심가치 3C '도전·신뢰·헌신' / 218
  - 인천의 중점전략 'ESG 정책과 애인(愛仁) 정책' / 220
  - 조직문화가 왜 중요한가? / 222

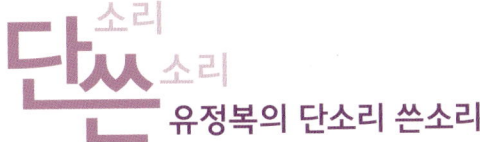

유정복의 단소리 쓴소리

- 유정복의 단소리 쓴소리 / 226

Who
유정복은 누구인가?

- 사진과 함께 보는 발자취
- 유정복 연보
- 송림동 개구쟁이 김포 군수가 되기까지
- 거부할 수 없었던 운명의 변곡점
  - 정치입문 제2의 인생
  - 무소속 김포군수 출마
  - 제17대 국회의원 출마
  - 장관 취임
  - 인천시장 출마
- 이런 일도 있었지요
  - 여야 만장일치로 통과된 장관 청문회
  - DMZ 유도(留島) 황소 구출
  - 유커 4,500명 월미도서 치맥 파티
  - 모친상(母親喪) 조의금으로 장학회 설립

사진과 함께 보는 발자취

● 1957년 인천 송림동 출생

1953년 휴전이후 수도국산 기슭에는 실향민들이 모여들어 삶을 영위했다. 나는 실향민인 부모님 슬하의 4남 3녀 중 여섯째로 인천시 동구 송림동에서 태어났다.

● 1970년 인천 송림초등학교 졸업

내가 졸업한 송림초등학교다. 당시 송림초교는 한 반이 80~90명에 이를 정도로 콩나물 교실이었다. 우리 7남매는 모두 송림초교 동문이다.

● 1973년 인천 선인중학교 졸업

나는 인천에서 가장 학생수가 많은 선인중학교를 졸업했다. 공부보다는 축구에 빠져 있었지만 늘 장학생 배지를 달고 다녔다.

● 1976년 인천 제물포고등학교 졸업

당시 인천·경기지역 최고의 명문인 제물포고등학교는 무감독 시험을 치르는 학교다. 나는 '학식은 사회의 등불, 양심은 민족의 소금'이라는 교훈을 가슴에 새기며 살아오고 있다.

● 1979년 대학교 재학 중 행정고시 합격(22세)

대학입학 후 무전여행식으로 제주도 여행을 하는 등 청춘의 낭만을 즐기다가 마음을 다잡고 행정고시에 응시해 4학년 때 합격했다.

● 1980년 연세대학교 정치외교학과 졸업

박정희 대통령 서거라는 국가적 위기 상황과 정치 사회적 혼란 속에서 내가 국가를 위해 할 수 있는 일이 무엇인지와 불확실한 미래에 대해 고민을 하며 대학을 졸업했다.

사진과 함께 보는 발자취

● 1981년 육군학사장교 1기 임관

나는 사무관 임용 후 학사장교에 지원, 육군 소위로 임관해 강원도 최전방 백두산 부대 소대장으로 병사들을 지휘하며 통솔력을 배양하고 육군 중위로 전역했다.

● 1987년 내무부 발령

군 전역 후 강원도 사무관을 거쳐 내무부 지방자치 기획단, 장관비서실, 재정국과 행정국의 주요 부서를 거치며 실무를 익혔고 훗날 내무부와 총무처를 통합한 행정안전부의 장관이 되었다.

● 1993년 경기도 기획관

내무부에서 경기도 기획관으로 발령을 받고 경기도와의 인연을 맺었다. 이때 전국에서 최연소 국장이라는 기록을 갖게 되었다.

● 1994년 김포군수

만 36세의 나이로 제 33대 김포군수에 취임했다. 전국 최연소 군수라는 기록과 함께 수도권이면서도 농촌에 머물고 있던 김포의 변화와 발전을 위해 모든 역량을 발휘했다.

● 1995년 인천광역시 서구청장

민선1기 지방선거를 앞두고 인천광역시 제5대 서구청장으로 발령을 받고 취임했다. 김포주민들이 찾아와 민선군수 출마를 요구하며 농성했다. 운명을 가르는 기간이었다.

● 1995년 초대 민선 김포군수

선거 25일을 남겨 둔 상태에서 혈연, 지연, 학연이 없는 무연고 지역에 무소속으로 출마해 초대 민선 김포군수에 당선됐다. 정치인으로 운명이 바뀐 순간이기도 하다.

사진과 함께 보는 발자취

● 1998년 초대, 2대 김포시장

군수 당선 후 조선시대부터 366년 동안 군으로 머물렀던 김포를 시로 승격시키고 초대 시장이 되었고 이어서 제2대 김포시장에 재선되어 김포발전을 견인했다.

● 2004년 17대·2008년 18대·2012년 19대 국회의원

제17대 국회의원 당선을 시작으로 18대, 19대 국회의원을 역임하면서 국가와 국민을 위한 중앙 정치인으로 존재감을 키워나갔다.

● 2010년 농림수산식품부 장관

18대 국회의원으로 활동하던 중 이명박 정부에서 제59대 농림수산식품부 장관에 임명됐다. 쌀값, 배추값 파동을 해결하고 구제역 발생으로 야전침대에서 생활하며 이를 극복했다.

● 2012년 대한민국 국민생활체육회 회장

평소 체육에 대한 관심이 많았던 나는 (사)한국전통무예총연합회 총재를 역임한데 이어 국민생활체육회장에 취임해 생활체육 활성화에 앞장섰다.

● 2013년 행정안전부 장관

19대 국회의원으로 국정 수행을 하던 중 박근혜 정부 출범과 함께 행정안전부 장관에 취임했다. 사회안전망 확보와 선진 행정 혁신, 지방자치 정착 및 발전에 전념했다.

● 2014년 민선6기 인천광역시장

시대적 부름에 따라 운명처럼 민선 6기 인천시장에 출마해 출구조사를 뒤집으며 당선됐다. 인천 출신 최초의 인천시장으로 인천가치재창조사업을 전개했다.

사진과 함께 보는 발자취

● 2018년 미국 조지워싱턴대학 초청 방문학자

평범한 생활인이 된 후 더 넓은 경험과 세계에 대한 안목을 키우기 위해 미국 조지워싱턴대학 방문학자(Visiting Scholar) 생활을 마치고 9개월 만에 귀국했다.

● 2019년 (재)국민건강진흥재단 이사장

미국 조지워싱턴대학 객원연구원 생활을 끝내고 귀국한 후, (재)국민건강진흥재단 이사장으로 일하며 100세 시대에 부응하는 국민건강증진을 위한 활동을 해왔다.

유정복 연보

1957년 인천 송림동 출생

1970년 인천 송림초등학교 졸업
1973년 인천 선인중학교 졸업
1976년 인천 제물포고등학교 졸업
1979년 제23회 행정고시 합격(22세)

1980년 연세대학교 정치외교학과 졸업
1980년 행정사무관 시보(총무처)
1981년 육군학사장교 1기 임관
1984년 강원도청
1987년 내무부(재정국, 행정국)
1988년 서울대학교 행정대학원 석사 졸업

1993년 경기도 기획담당관
1994년 김포군수
1995년 인천광역시 서구청장
1995년 초대 민선 김포군수
1998년 초대 김포시장

1998년	2대 김포시장
2004년	연세대학교 정치학 박사 수료
2004년	17대 국회의원
2005년	한나라당 제1정책조정위원장
2005년	한나라당 대표 비서실장
2007년	대한민국 육군학사장교총동문회장
2008년	대통령당선자 중국특사
2008년	18대 국회의원
2008년	국회 연구단체 '선진사회연구포럼' 대표
2009년	대통령 EU 특사

2010년	농림수산식품부 장관
2010년	FAO 아·태지역 총회의장
2012년	대한민국 국민생활체육회 회장
2012년	19대 국회의원
2013년	행정안전부 장관
2013년	안전행정부 장관
2014년	민선 6기 인천광역시장
2015년	대한민국 시도지사협의회 회장
2018년	미국 조지원싱턴대학 방문학자 (Visiting Scholar)
2019년	(재)국민건강진흥재단 이사장

송림동 개구쟁이 김포 군수가 되기까지

나는 1957년 인천시 송림동 182번지에서 4남 3녀 중 여섯째로 태어났다.

부모님은 두 분 모두 고향이 황해도 연백이시다. 해방 후 북한정권 하에서 공산당의 통치를 받다가 6.25 전쟁이 발발하자 큰형과 두 누나를 데리고 남쪽으로 오셨다.

전쟁이 끝나고 휴전이 되면서 우리 가족은 졸지에 실향민이 되었고 반겨주는 사람도 기댈 언덕도 없는 처지에서 부모님은 당시 같은 아픔을 겪고 있는 피난민들이 많이 모여 살던 인천시 송림동 수도국산 기슭에 거처를 마련했다.

나는 이곳에서 태어났다.

그러니까 조선시대에는 인천부 송림정으로 불리다가 1946년 송림동으로 개칭된 후 오늘에 이르고 있는 송림동이 내 고향이다.

옛날에 산에 소나무가 많아 송림(松林)이라는 이름이 붙여졌다는데 지금은 상상이 안 되는 이야기다.

부모님과 큰형님 그리고 두 분 누나는 고향이 황해도 연백인 실향민이고 나는 인천시 송림동이 고향인 인천 토박이가 된 것이다.

인천사람이라면 누구나 가보지 않은 시민이 없을 정도로 유명한 곳이 자유공원이다.

지금 내 유년의 기억 속에는 어렴풋이 지워지지 않는 위대한 인물에 대한 추억이 있다. 형들이 아기나 다름없는 나를 데리고 나들이를 갔는데 그 곳에 동상이 있었다.

바로 2차대전 종전시 미주리함에서 일본천황으로부터 항복을 받아냈고, 6.25 때 풍전등화 같았던 자유대한민국의 운명을 인천상륙작전을 통해 구해낸 전쟁영웅 맥아더인 것이다.

공교롭게도 내가 태어난 1957년에 동상이 세워져 나와 함께 세월의 풍파를 겪으며 마치 인천을 지키는 듯 서해바다를 굽어보며 비바람을 견디고 있다.

어린 시절의 기억 때문인지 나는 학생시절 자유공원의 맥아더 동상을 가끔 찾아가 나도 반드시 훌륭한 사람이 되어 대한민국에 꼭 필요한 일꾼이 되겠

〈사진 : 형들과 함께 자유공원을 찾은 어린이가 필자〉

다고 다짐하곤 했다. 내 유년의 기억은 초등학교를 빼놓을 수가 없다.

우리 7남매는 모두 송림초등학교를 졸업한 동문이다. 어릴 때의 초등학교는 학식을 배우는 것만이 아니라 세상을 알아가는 정보의 창구였고 친구를 사귀는 사교의 장소였으며 뛰고 놀며 건강을 증진하는 체력단련장이었다.

지금의 송림초등학교는 전교생이 350여명에 불과한 작은 학교지만 내가 다니던 시절에는 한 학년이 1,000 명이 넘었고 한 반이 80~90여 명이나 되는 콩나물 교실이었다. 전교생이 6,000 명이 넘었으니 그야말로 학교는 아이들 목소리로 세상을 깨우는 새 희망의 장소였다.

송림초등학교를 졸업하고 내가 중학교에 들어갈 때는 가고 싶은 중학교를 정해서 가는 것이 아니라 소위 '뺑뺑이'라고 하는 추첨을 통

〈사진 : 밑에서부터 3번째 줄, 좌에서부터 5번째가 필자〉

해서 학교를 배정받았는데 선인중학교에 배정 됐다.

당시 선인중학교는 백인엽 장군이 설립한 학교재단으로 인천에서는 규모면에서 제일 커 한 학년이 자그마치 14반까지 있을 정도로 학생 수가 많았다.

현재는 중학교 전체 학생수가 300명이 안 되는 것으로 알고 있으나 지난 2021년 제66회 졸업생 83명을 포함해 전체 선인중학교 졸업생이 3만 3,666 명에 이르는 숫자를 보면 과거 얼마나 학생수가 많았었는지 예측이 가능하리라 본다.

중학교 입학 후 학교에서는 학생들의 수준에 따라 반을 편성하기 위한 학생 개인별 수학능력 평가를 했는데 이 시험에서 내가 전체 입학생 중 1등을 하기도 했다.

나는 선인중학교를 졸업하고 당시 인천·경기지역의 최고 명문고등학교로 평가받던 제물포고등학교에 합격했다.

제물포고등학교의 교훈은 '학식은 사회의 등불, 양심은 민족의 소금'이다.

이 교훈은 사춘기 감수성이 예민했던 정소년기에 커다란 감동으로

다가왔고 오늘에 이르기까지 인생 지표에 커다란 영향을 주었다.

2학년이 저물 무렵 처음으로 미래에 대해 깊이 고민하기 시작했다. 그리고 나름대로 꿈꾼 것이 외교관이 되는 것이었다. 여러 나라를 두루 여행할 수 있다는 것과 우리나라 최고 통수권자를 대신해서 활동한다는 것이 매력적으로 보였기 때문이었다.

대학진학을 앞두고 대학과 학과 선택을 두고 고민하기 시작했다. 고민 끝에 내가 평소에 동경해온 연세대학교에 지원하기로 마음먹고 학과도 평소 꿈꿔 온 외교관이 되기 위해 정치외교학과를 선택하여 시험을 치렀는데 무난히 합격 했다.

〈사진 : 간석동 집 옥상에서의 7남매〉

여기서 잠시 제물포고등학교 같은 반 친구들의 이색적인 이야기를 하고 가야겠다.

나와 한 반이었던 친구들 중 졸업앨범에 김동완, 유정복, 서윤원 3명이 1열 종대로 실린 사진이 있는데 공교롭게 이들 3명이 모두 행정고시에 합격했다.

이밖에 같은 반 급우 중에서 오한구 친구가 외무고시에 합격했고, 후에 인천시의회의장을 역임한 제갈원영 외에 허식, 오필성이 지방의회의원을 지냈으며 3명의 국회의원을 배출했는데 이원복, 김동완 그리고 내가 주인공이다.

외교관이 되겠다는 포부를 갖고 대학에 입학했지만 막상 입학 후에는 이러한 목표를 잊은 채 현실에 안주했다.

검정 교복과 빡빡머리로 짓눌렸던 젊음이 물 만난 고기처럼 자유로운 영혼으로 유영케 한 것이다.

술과 담배도 배우기 시작했고 창밖에서만 구경하며 신기해했던 당구장도 드나들기 시작했다. 눕기만 하면 천장에 사각 당구대가 그려지고 당구공이 굴러다니는 유혹에 빠져 시간만 나면 당구장을 들락

거렸다. 대학 1학년 동안 당점 150에 이르는 실력이 되었다.

장발에 청바지, 그리고 약간의 반항기는 유신정권 하의 경찰들에겐 좋은 건수가 되어 머리채를 잡힌 채 파출소에 끌려가 훈계를 당하는 경험도 했다.

〈사진 : 장발의 대학생 시절, 사진 오른쪽이 필자〉

그렇게 대학 2학년을 마치고 3학년이 되자 불확실한 미래를 고민하기 시작했고 이때 마침 실시한 행정고시에 경험 삼아 응시했는데 수십대 일의 경쟁을 뚫고 1차에 합격했다. 이를 계기로 외교관의 꿈을 접고 정통 행정관료로 방향을 선회하게 되었다. 그러나 그해 실시한 2차 시험은 전혀 준비가 되어 있지 않아 시험을 치르지 않고 다음 연도를 향해 준비했다.

4학년이 되어 나는 행정고시 2차 시험 준비를 본격적으로 시작했다.

그런데 2차 시험을 준비하고 있던 4학년 때 뜻하지 않은 역사적인 사건이 발생했다.

이 땅의 절대 권력자로 생각되었던 박정희 대통령이 김재규에 의해 서거하는 10.26 사태가 발생한 것이다.

정부는 비상계엄을 선포하였고 모든 집회 허가가 제한받아 행정고시도 제대로 치룰 수 있을지 알 수 없는 상황이 되었다.

연세대학교 정외과 고시실에서 공부하고 있던 나는 인천의 집으로 내려와 앞으로 전개될 격동의 역사를 걱정하면서 시국 전개 상황을 예의주시하고 있었다. 그러던 중 예정대로 고시를 실시한다는 연락을 받고 그해 11월 6일부터 8일까지 3일 동안 2차 시험을 치렀다.

'고진감래(苦盡甘來)'라는 말처럼 나는 나 자신을 송두리째 던져 공부한 덕택에 단기간이었지만 합격의 영예를 안았다.

〈사진 : 수습사무관 시절 지금은 철거된 중앙청에서 총무처장관과 함께〉

1980년 2월에 대학을 졸업하고 그해 5월 10일 대전시에 소재한 중앙공무원교육원에 입교하였다. 이후 교육 받는 와중에 광주민주화운동을 겪게 되었고 국가 혼란의 상황 속에서 2개월에 걸친 연수가 끝난 후 수습사무관이라는 꼬리표를 달고 강원도청과 정선군청에서 4개월 간 그리고 내무부에서 6개월간의 수습사무관 생활을 하고나니 비로소 정식 발령을 받았는데 첫 근무지가 강원도청이었다.

강원도청으로 발령 받은지 2개월 만에 나는 학사장교 1기로 지원해 장교로 국방의 의무를 수행하게 되었다.

1982년 1월 20일. 육군 소위 계급장을 달고 강원도 양구군에 위치한 최전방 백두산 부대의 일반 보병 소대장으로 발령을 받았다. 나는 40여 명의 소대원을 거느리는 신참 소대장이 됐다. 피의 능선이라 불리는 983고지에서 나는 병사들과 함께 뛰고 뒹굴며 지휘자로서의 역량을 키워나갔다.

〈사진 : 백두산부대 근무 당시〉

군의 초급 간부로서 젊은 병사들을 지휘했던 경험은 리더의 중요성을 깨닫는 계기가 되었으며 솔선수범과 진실을 갖고 상대를 대하는 것이야말로 조직의 수장이 가져야 할 가장 기본이며 최고의 덕목임을 체감케 하는 계기가 되었다.

나는 3년여의 단기간 군 생활이었지만 군에서 경험한 것들을 매우 소중하게 여기며 살고 있다. 장교로서의 경험을 통해 명예와 충성을 배웠으며 집단생활을 통해 조직 사회에서 갖추어야 할 지휘관의 자세와 덕목을 익혔고 병사들의 생활모습을 보면서 조직관리에 대한 안목을 체득했다.

3년 3개월이라는 군복무를 마치고 1984년 9월 30일 전역과 동시에 강원도청에 복직했다. 6개월 간의 기획관실 근무를 거쳐 강원도 공무원교육원 교관으로 발령을 받았다. 1년여 동안의 교관생활을 하면서 나는 또 다른 경험을 했고 의미를 부여하는 시간을 가졌다.

그후 도청 식산국 잠업특작과특작계장으로 농업 분야에서 실무를 익혔는데 훗날 내가 농림수산식품부 장관이 되리라고는 상상해 보지 못했던 일이다.

나는 1987년 4월, 내무부 지방자치기획단으로 파견 명령을 받았다. 드디어 내무부에 본격적인 첫발을 내딛은 것이다. 지방자치기획단은 단장 외에 3명의 서기관과 8명의 사무관으로 구성되어 있었다.

지방자치기획단에서는 현재의 지방자치법을 만들어 1988년 새 법을 공포하고 시행하였다. 세계 각국의 지방자치제도와 운영실태 등을 참고하여 올바른 지방자치법을 만들려고 심혈을 기울인 작업이었다. 훗날 직접 지방자치법을 만든 당사자인 내가 바로 그 법을 통해 민선 군수와 민선시장이 될 줄은 꿈에도 생각지 못했다.

지방자치법 제정이 끝난 후엔 내무부장관 비서관으로 발탁되었다. 이춘구 장관과 이한동 장관 비서관으로 일하면서 중앙 정치의 중심을 들여다볼 수 있었으며 중앙무대 정치인을 비롯한 고위 공직자들에 대한 많은 이해와 함께 식견을 넓히는 계기가 되었다.

1년 여의 비서관 생활을 마친 후 총무과를 거쳐 교부세과 교부세계장으로 있으면서 지방재정에 관하여 폭 넓은 공부를 하였다. 그 후 행정과에서 교육고시계장과 인사계장을 역임하였다. 내무부 시절의 주요 계장 보직 경력은 나에게 가장 귀중한 행정 경험이었다. 특히 내무부 본부와 지방 공직자들과 친분을 쌓는 계기가 되어 훗날 공직 수행에 큰 도움이 되었다.

내무부 인사계장을 마치고 경기도 기획관을 거쳐 1994년 1월 3일 김포군수로 부임했다. 전국 '최연소 군수'라는 기록을 갖게 되는 순간이기도 했다.

Who 유정복은 누구인가?

거부할 수 없었던 운명의 변곡점

- 정치입문 제2의 인생 / 38
- 무소속 김포군수 출마 / 40
- 제17대 국회의원 출마 / 44
- 장관 취임 / 50
- 인천시장 출마 / 54

정치입문 제2의 인생

사람이 살다보면 무수한 인연과 마주치게 되고 예측하지 못한 상황과 맞닥뜨릴 때가 있다.

그런데 그러한 순간이 한 사람의 인생 행로를 바뀌게 하는 계기가 되고 자신도 모르게 그 길을 걸어야만 하는 상황을 우리는 흔히 '운명'이라고 부른다.

나는 행정고시에 합격하고 공직자가 된 후 주어진 직에 충실하며 국가가 부여한 책임을 성실히 수행해 공직자로서 모범적이고 국민께 봉사하는 정직한 공무원이 되겠다는 일념을 갖고 일해왔다.

딱히 꿈이 있다면 공직자로서 뒤처지지 않는 승진을 하고 고위 공직자가 되어 갖고 있는 능력을 발휘하여 국가와 국민을 위해 헌신하는 삶을 살고 싶다는 바람 정도였다.

내가 36세의 나이에 군수가 되었을 때만 해도 나 자신이 정치인으로 변신할 것이라고는 상상해 보지 않은 일이었다.

그러나 나는 정치인이 되어 국가 입법을 책임지는 국회의원과 행정을 총괄하는 두 번의 장관 그리고 300만 인천시민의 행복한 삶을 꾸

려나가야 하는 인천시장을 역임했다.

어떤 거부할 수 없는 운명의 사슬이 나를 묶어서 이끌어 가는 것만 같았던 시간 속의 상황을 기술해 보고자 한다.

무소속 김포군수 출마

제33대 관선 군수로 김포군정에 매진하고 있는 가운데 1994년 하반기가 되자 1995년에 있을 자치단체장 선거 이야기가 시중에 돌기 시작했고 나에게도 민선군수 출마를 권유하는 사람들이 생겨났다. 나는 그때마다 가벼운 농담으로 웃어넘겼다.

군수 보직이 끝나면 그동안의 경력으로 볼 때 내무부나 청와대로 전출되는 게 거의 확정되어 있다시피한 상황에서 나의 앞날을 점칠 수 없는 불확실한 민선군수 출마를 해야 할 아무런 이유가 없었다.

해가 바뀌자 출마 권유는 점점 더 강도가 높아졌고 나는 여러 가지 오해를 불식시키기 위해 기자회견을 통해 '김포군수에 출마하지 않겠다'는 불출마 선언을 한 후 이러한 결정에 이르기까지의 과정을 설명했다.

그러던 중 3월 29일 나는 인천 서구청장으로 전보 발령을 받았다. 구청장 발령과 함께 나는 전국 최연소 구청장이라는 또 하나의 기록을 보유하게 되었다.

그러나 인간의 운명을 어찌 알 수 있으랴!

서구청장 부임 후 김포 주민들 때문에 업무를 할 수 없게 될 줄은 미처 상상하지도 못했다.

내가 인천시 본청 회의에 참석한 어느 날, 김포 주민 100여 명이 인천 서구청으로 몰려와 5,000여 명이 서명한 연명부를 쌓아 놓고 '김포의 미래를 위해 민선군수로 출마해 달라'고 요청하는 사건이 발생했다.

주민들의 요구를 듣고 난 후 나는 점점 고민에 빠지기 시작했다. 그러던 어느 날 '재경 김포향우회' 회장단이 나를 찾아왔다. 그들 역시 김포 발전과 미래를 위해 민선군수에 출마해 달라고 요청했다.

이 일이 있은 후 나는 곰곰이 생각했다. 공직자의 길을 간다는 것은 궁극적으로 주민에게 봉사하기 위함이 아니겠는가. 개인의 영달을 위해 주민의 요구를 묵살한다면 이미 공직자로서 본분을 저버리는 일일 뿐만 아니라 비겁한 일이 될 것이라는 생각이 들었다.

사실 그랬다. 세상 어느 공직자가 나처럼 주민이 원하

여 선거에 출마하는 경험을 해보겠는가? 22세에 행정고시에 합격해서 여러 업무를 수행했지만 이처럼 보람을 느껴본 적은 없었다. 앞으로도 이런 일은 없을 것이며 나 자신의 안위와 영달을 위해 모른 체한다면 내 인생에 큰 오점을 남기고 후회할 것이라는 결론을 내렸다. 나는 모든 것을 수용하리라 마음먹고 마침내 민선 김포군수 출마를 결심했다.

이러한 나의 결정에 대해 많은 사람들이 걱정을 했다. 그도 그럴 것이 정년을 몇 년 남겨 놓은 50대도 아닌 앞길이 창창한 30대 나이에 안정된 직업 공무원을 사퇴하고 무엇보다 선거일이 20여 일밖에 남지 않은 상황에서 무연고 지역에 무소속으로 출마를 한다니 정상적인 사고를 가진 사람이라면 생각할 수도 없는 무모한 일로 비춰질 수밖에 없었을 것이다.

막상 사표를 던지고 김포군수 출마를 선언하기는 했지만 어디서부터 무엇을 어떻게 해야 할지 막막하기만 했다.

그러나 예상하지 못했던 일들이 벌어지기 시작했다. 군수 재직 시 한 번도 만나본 일이 없는 주민들이 자진해서 선거 운동원으로 뛰어들었고 너도나도 크고 작은 힘을 실어주었다.

선거운동을 통해 주민을 대하고, 합동유세를 하면서 주민의 모습과 호응을 보고 당선을 확신할 수 있었다.

드디어 6월 27일 선거일이 되자 나는 모든 것을 유권자의 판단에 맡긴 채 조용히 결과를 기다렸다.

개표 결과는 주민들을 놀라게 했다. 당선을 확신하기는 했지만 표차가 그렇게 많이 나리라고는 아무도 예상치 못한 일이었다. 무소속으로 나선 내가 당시 여당과 야당 후보로 나왔던 2위와 3위가 얻은 표를 합한 것보다 더 많은 표를 얻었던 것이다.

선거 다음 날, 언론에서는 김포군수 선거를 두고 '선거 혁명'이라고까지 추켜세우며 앞다퉈 보도를 했다. 무연고·무소속으로, 그것도 모든 규칙을 지키면서 압도적으로 당선되었으니 당시만 해도 맹위를 떨치던 지역주의와 정당문제를 이겨낸 진정한 선거혁명이라는 표현이 맞을 듯싶다.

1995년 7월 1일, 드디어 나는 초대 민선 김포군수에 취임했고 정치인이라는 타이틀과 함께 또 다른 공직의 길을 걷게 되었다.

제17대 국회의원 출마

1998년 김포시장에 재선되어 김포 미래에 대한 밑그림을 그리고 수도권 지역에서의 새로운 도시 건설을 꿈꾸고 있는데 2002년 민선 3기 시장선거가 도래했다.

하지만 세 번째 민선 시장에 도전한 나는 낙선이라는 고배를 마셨다.

나는 낙선 후 순수한 자연인으로 돌아와 지역문화 발전을 위한 일을 찾다가 (사)전통문화예술연구소의 이사장직을 맡아 자역문화 발굴, 전통국악공연 등을 하며 시민들과 어울렸다.

또한 지역에 있는 김포대학에서 초빙교수 제의가 들어와 학생들을 상대로 강의를 하며 새로운 보람을 찾게 되었다.

그리고 연세대학교 박사과정에 입학하여 정치학 공부를 새롭게 시작하기도 하였다.

그러한 가운데 2003년 말이 되자 많은 시민이 찾아와서 17대 총선에 출마하라고 아우성이었다. 나는 현실적 상황을 설명 했지만 시민들은 막무가내였다.

망설임 끝에 나는 또 한 번의 도전을 결심했다.

서구청으로 몰려왔던 주민들의 모습이 눈앞에 선했고 나를 위해 봉사하겠다는 시민들의 열정을 외면할 수 없었다.

2004년 1월 9일 나는 제17대 국회의원 선거 출마를 선언하며 공천을 신청했다. 중앙당에 이렇다 할 인맥도 없이 오직 김포시민들의 성원만 믿고 공천을 신청한 것이었다. 중앙정치를 모르던 나는 공천신청과 함께 닥쳐오는 온갖 시련과 맞서야 했다. 여의도 당사에서 후보검증 면접에도 나서야 했고 과연 경선을 시켜줄 것인가에도 의문이들 정도였다.

다행스럽게도 지역 여론과 인물 검증을 마친 공천심사위원회에서 김포를 경선지역으로 정해 지구당위원장과 경선을 치르게 됐다.

민주적 절차에 의해 치러진 경선에서 나는 지구당위원장을 거의 더블 스코어로 따돌리며 한나라당 김포 지역의 제17대 국회의원 후보가 됐다.

시민들은 내가 마치 국회의원에 당선이라도 된 것처럼 축하해 주었다. 여론조사에서는 상대 후보를 압도적으로 앞서는 상황이어서 편안한 선거가 될 것으로 생각하였고 다시 한번 김포를 위해 일할수 있는 기회를 잡을 수 있겠다는 생각을 했다.

그런데 상황이 급반전되는 초특급의 상황이 발생했다. 선거를 1개월 정도 앞둔 2004년 3월 12일 다수의석을 차지하고 있던 한나라당은 대통령 탄핵이라는 헌정사상 초유의 핵폭탄을 터뜨렸다. 일순간 정치 시계는 멈추었고 국민들의 여론은 급반전하여 여유 있게 앞서가던 지지도는 순식간에 상대 후보의 절반을 밑도는 상황이 벌어졌다.

선거운동원도 맥이 빠졌고 만나는 사람마다 '무조건 졌다'는 것이 대세였다.

그렇다고 좌절하고 앉아있을 수만은 없었다. 참으로 민심이 무섭다는 것을 절감하면서 더 깊이 고개 숙이고 '유정복이 새로운 김포의 역사를 다시 쓰겠다'며 진정성을 가지고 호소했다. 진인사대천명(盡

人事待天命)이라는 말을 수없이 되뇌이며 하루 3~4시간의 수면을 취하면서 밤낮으로 시민을 찾아 유정복의 상품성을 홍보했다.

당시의 선거상황을 감안하여 내가 선거운동 기간 줄곧 내세웠던 구호는 '바람입니까? 인물입니까?'였다. 광풍과도 같았던 탄핵정국 속에서 '인물론'으로 호소한 선거전이었다.

입술이 갈라져서 딱지가 졌고 몸무게는 6-7킬로그램이 넘게 빠졌다. 그렇게 뛰다 보니 차츰 곤두박질쳤던 지지율이 조금씩 상승하기는

했으나 전세를 역전시키기에는 부족해 보였다.

시간은 흘러갔고 선거 6일을 남겨 둔 4월 9일 나는 시청 앞 사거리 사우 광장에서의 유세를 위해 걸음을 옮겼다. 예상 밖으로 선거기간 내내 볼 수 없었던 인파가 빽빽이 모여 있었다. 탄핵정국 속에서 전국을 누비며 풍전등화(風前燈火)의 한나라당을 살리고자 고군분투하고 있는 박근혜 대표가 온다는 소식에 시민들이 몰려나온 것이었다.

나는 연단에 올라 '4년을 맡길 사람, 바람입니까? 인물입니까?'라고 열변을 토했고 관선군수와 민선군수 그리고 시장 재직 시의 나를 기억하고 아쉬워하는 시민들이 하나둘 화답하기 시작했다.

때마침 당시 여당의 정동영 의장이 '노인들은 투표하지 않아도 괜찮으니 집에서 쉬시라'는 요지의 발언이 일파만파 파장을 일으키며 일방적 독주로 가던 여당 후보의 질주가 주춤하더니 이내 그 끝을 알 수 없는 혼돈의 정치판이 되었다.

드디어 2004년 4월 15일, 모든 선거가 끝나고 결과를 기다리는데 방송국의 출구조사가 발표됐다. 그 결과는 참담한 패배였다. 약 3-4% 정도의 패배! 방송 3사의 출구조사는 모두 나의 패배를 기정사실화 했다.

본격적인 개표가 시작되고 첫 번째 투표함이 개함되자 예상대로 상대 후보가 앞서 나갔다. 절망의 그림자가 깊게 드리워지고 숨소리조차 미안할 정도로 정적이 흘렀다.

두 번째 함이 열리고 개표 결과가 나오자 이내 사무실이 술렁이기 시작했다. 많이 질 것으로 알았던 지역에서 도리어 내가 더 많은 표를 받아 앞서 드러난 결과를 바짝 뒤쫓은 것이다. 그러더니 뒤이어 투표함이 개함이 되고 내가 앞서나가는 결과가 나오자 사무실에서는 함성이 터져 나오며 누구랄 것도 없이 서로 얼싸안고 눈물을 흘렸다.

보기 좋게 상대 후보를 따돌리기 시작했고 이러한 상황은 시간이 지날수록 표 차이를 벌리더니 끝내 방송 3사의 출구조사를 보란 듯이 비웃으며 17대 국회의원 당선이라는 영광을 가슴에 안겨 주었다.

나는 17대에 이어 18대 19대 선거에서 당선돼 중견 정치인으로서의 입지를 굳혔다.

장관 취임

나는 이명박 정부에서 농림수산식품부 장관에 임명 됐다.

생각해 보면 농림수산식품부 장관에 취임하는 과정도 어떤 숙명처럼 내게 다가왔고 거부할 수 없는 상황에 의해 불가피하게 직무를 수행하고 물러났다.

2010년 8월 7일 토요일, 나는 육군학사장교 총동문회회장으로서 당일부터 실시되는 하계 수련대회에 참석하고자 부산 해운대로 향하고 있었다. 한여름의 폭염이 사정없이 내려 쪼이는 가운데 오랜만에 만나는 학사장교 동문들의 모습을 생각하며 해운대로 향하고 있는

데 휴대전화 진동음이 울려왔다.

임태희 대통령비서실장이었다. 간단한 인사말을 주고받은 후 임 실장이 대뜸 입각 제의를 하며 의사를 물었다. 그 순간 전혀 생각하지 못한 상황에 놀라기도 했지만 나는 현실 상황을 피력하며 '불가능하다'고 답변했다.

사실 개인적으로 보자면 나와 임 실장은 행정고시로는 내가 1년 선배이고 국회는 임 실장이 먼저 들어온 관계로 서로 우호적인 사이였지만 나는 지난 한나라당 대통령 후보 경선 당시 박근혜 후보의 비서실장이었고 임 실장은 경선 후 이명박 한나라당 대통령 후보의 비서실장을 맡아 일하게 되어 각각 박 대표와 이 대통령의 최측근으로 국민들에게 이해되었다.

이러한 가운데 나를 장관으로 내정한 것은 청와대 쪽에서 나름대로 여러 가지 정치 상황을 고려한 것임을 인지할 수 있었으나 내 입장에서는 입각을 수락할 수 있는 처지가 아니었다. 나는 일단 장관 내정을 거부하고 학사장교 하계캠프에 참석하여 행사를 마친 후 늦은 밤에 마지막 KTX 열차를 타고 귀경했다. 집에 돌아온 나는 장관직을 고사했기 때문에 마음 편하게 잠을 청했고 입각에 대해서는 생각지도 않았다. 그러나 다음날 돌발적 상황이 전개되기 시작했다.

아침에 임 실장이 다시 전화를 걸어와 '오늘 개각 발표를 하는데 장관직을 수락해야 한다'며 오전 중에 발표하겠다고 했다. 나는 장관 임명을 하자면 사전 검증 절차를 거쳐야 하고 상대의 의사도 파악해야 하는 것 아니냐며 '할 수 없다'고 했다. 심지어는 "일방적으로 밀어붙이면 기자회견을 해 거부하겠다"고도 했다.

상황이 이렇게 되자 청와대 정진석 정무수석까지 전화를 걸어와 "대통령께서 꼭 해야 한다고 하셨다"는 전언을 하기도 했다.

나는 장관 임명을 둘러싸고 공방이 일고 있는 가운데 박 전 대표께 돌아가는 상황에 대해 보고를 하였다. 박 전 대표는 매우 난감해 하면서 어찌할 수 없는 상황으로 판단하시고 "갔다가 빨리 돌아오세요."라는 말씀을 했다.

사실 청와대에서 기정사실화해 추진 중인 나의 입각에 대해 반발을 하고 거부한다면 당시 언론에서 얘기되고 있던 이명박 대통령과 박근혜 대표의 갈등 구조가 심화되어 회복하기 어려울 수도 있다는 생각마저 들었다.

그러는 중에 이미 인터넷에는 개각에 따른 입각 명단이 흘러나오기 시작했고 이제는 나도 어쩔 수 없는 운명으로 받아들이지 않을 수 없었다. 개인적으로 보자면 장관 임명 또한 어떤 운명의 끈이 매어져 있는 것이 아닌가 생각한다.

한 나라의 장관으로 내정되는데 만 24시간도 안 걸렸다는 것도 그렇고 내 뜻과는 무관하게 일방적으로 추진되었다는 것도 그렇다.

물론 당시 나의 입각 배경을 보면 언론에서 추론한 바와 같이 그동안의 공직을 수행했던 나의 이력과 군수와 구청장 그리고 시장을 거쳐 국회의원을 지내고 있었던 나의 능력에 대한 인정 보다는 이명박 대통령과 박근혜 전 대표 간의 화합이라는 정치적 의미를 담은 것임을 부인할 수 없을 것이다.

나는 농림수산식품부 장관으로 배추파동, 구제역 등 온갖 상황을 처리하고 2011년 6월 1일 임명 10개월 만에 국회의원으로 돌아갔다.

이후 박근혜 정부 출범과 함께 행정안전부 장관에 취임했고 재임 중 부처가 안전행정부로 바뀌면서 대통령으로부터 안전행정부 장관 임명장을 받았으니 정확하게 말하면 세 번의 장관을 역임한 것이다.

인천시장 출마

나는 박근혜 정부 출범과 함께 2013년 행정안전부 장관에 임명됐다.

그 후 정부 조직개편으로 초대 안전행정부 장관으로 다시 임명장을 받고 바쁘게 지내는 가운데 2014년 새해를 맞게 되었는데 지방선거가 있는 해라 선거 업무의 주무장관으로서 더욱 바쁜 일정을 보내고 있었다.

이러한 상황에서 주요 정치인을 비롯한 많은 사람들이 나의 지방선거 출마를 거론하는 분위기가 되었고 특히 경기도지사 출마설이 심심찮게 회자되고 있었다. 바로 이러한 상황에서 중요 인사로부터 인천시장 출마 요구를 받게 되었고 이때 처음으로 진지하게 고민하게 되었다.

사실 20여 년 전 초대 민선 김포군수 출마 시에 나를 필요로 하는 곳에 내 모든 것을 던졌던 일은 그 이후 정치적 결단의 중요한 판단 기준이 되었고 나의 정치철학이 되었기 때문에 인천시장 출마도 같은 논리로 생각한다면 굳이 피할 일은 아니었다.

2월 말이 되어 내가 인천시장에 출마해야 하는 상황이 만들어졌을 때 나는 마음속으로 내게 주어진 운명이라면 헤쳐 나가보자고 생각하며 주변을 정리하고 마음을 확고하게 정하기로 하고 휴가를 냈다.

그리고 인천! 내 고향 인천! 내 가족들의 삶과 오늘의 내가 있기까지 내 유년의 꿈과 눈물, 땀과 성공의 발판이 되었던 곳! 송림동 피난민촌에서 시작해 송림초등학교와 선인중학교, 제물포고등학교를 졸업하고 행정고시에 합격하기까지 가족의 헌신과 친구들의 우정이 곳곳에 남아 있는 정다운 고향 인천! 늘 가슴 한쪽에 품고 살았던 인천으로 돌아가 위기의 인천을 구하고 희망을 만들어가기로 마음먹었다.

2014년 3월 4일 오후, 나는 인천시장 출마 결심을 한 직후 그동안 정치인 유정복이 이만큼 클 수 있도록 지원해준 김포시민께 김포를 떠

나야 하는 현실에 대해 이해와 용서를 구하고자 당원과 시민이 모여 있는 김포시민회관으로 가서 송구한 마음을 전했다.

6일 오전에는 안전행정부 장관 이임식을 갖고, 오후에는 인천시청 기자실을 찾아 인천시장 출마를 밝히고 기자간담회를 가졌다.

선거를 불과 90일 남기고 인천시장 출마를 선언한 것에 대해 여권의 차출 때문에 어쩔 수 없이 출마한 것이 아니냐는 부정적 질문도 있었으나 나는 "진정한 정치인은 자기희생을 통해 국가와 지역을 위해 모든 것을 던져야 한다고 생각한다"며 "인천이 성공해야 곧 국가 발전으로 이어진다는 측면에서 인천시장 출마는 큰 의미와 이유가 있다"고 강조했다.

막상 시장 출마를 선언하고 시청기자실에 들르는 것으로 인천에 첫발을 내딛긴 했으나 그야말로 첩첩산중으로 막막하기만 했다.

주민의 분포를 보더라도 인천 토박이가 무색할 정도로 충청과 호남 인맥이 주류를 이루고 있었고, 종교·문화·교육을 비롯한 각종 단체 등도 거미줄처럼 얽혀 공동체적 결속을 이루고 있어 나의 등장에 곱지만은 않은 시선을 보내고 있었다.

그런데 첫 번째로 넘어야 할 산이 있었다. 8년간 인천시장을 하고 오랫동안 당원들을 관리하며 유대를 강화해온 안상수 전 시장과의 경선이었다.

'깨끗하고 능력 있는 시장 후보'를 내세우며 나는 부채와 부패, 부실에 멍들어 있는 인천시의 대변혁을 이룩하고 국가 발전의 중심이면 서도 변방 취급을 받아온 인천의 위상을 국가 발전의 핵으로 바꾸겠다고 선언하며 경선준비에 나섰다.

그런데 4월 15일 밤에 단원고 수학여행단 학생 325명을 포함해 총 476명을 태우고 인천을 출발해 제주도로 향하던 여객선 '세월호'가 16일 오전에 전남 진도군 인근 맹골수도(孟骨水道)에서 침몰하는 사태가 발생했다.

4월 23일 예정 되어 있었던 경선도 기한 없이 미뤄졌고, 불붙던 시민의 선거에 대한 열기도 싸늘히 식어 관심이 없었다. 그러나 정치권에

서는 선거법에 의해 정해진 선거 과정을 일정대로 치를 수밖에 없었고 숨소리조차 내기 어려운 상황 속에서 5월을 맞이하여 당내 경선을 치렀는데, 결과는 나의 승리로 이어져 마침내 나는 민선 6기 인천시장 후보가 되었다.

그러나 세월호가 몰고 온 후폭풍이 너무 거세다 보니 각종 여론조사에서 송영길 후보에게 턱없이 밀리는 현상이 계속되었다.

이 땅의 모든 어른이 죄인이었고, 더구나 집권 여당의 정부는 그 모든 책임을 지고 사태 수습에 혼신의 힘을 쏟으며 모든 매를 맞아야 했다.

나는 과거 노무현 탄핵 정국 하에서 불가능한 것처럼 보였던 선거를 승리로 이끈 17대 국회의원 선거의 경험을 회상하면서 최선을 다하자고 다짐하며 선거에 임했다.

'진인사대천명(盡人事待天命)'을 신조로 오직 진심으로 시민을 대했고 진정성을 가지고 후보 토론에도 임했다.

부채·부패·부실을 가져온 무능한 인천시 행정을 지적하며 '깨끗하고 힘 있는 시장!', '시민이 행복한 인천!'을 제시하면서 실현 가능한 대한민국의 중심이 되는 인천 건설의 꿈을 펼쳐 보였다.

선거일이 가까워지면서 세월호 사태 후 끝 모르게 추락했던 지지세가 많이 회복되었음을 피부로 느낄 수 있었으나, 연일 언론에서는 나의 열세를 예상하고 있었다.

운명의 6월 4일 저녁 6시! 모든 국민의 시선이 TV에 집중된 상태에서 출구조사가 발표되었다. '유정복 49.4%, 송영길 49.1%' 지상파 TV 3사의 출구조사가 박빙으로 나왔다. 일단 0.3%라도 앞서 있다는 것 때문에 환호성이 터졌다.

그런데 JTBC 출구조사에서 '송영길 52.2%, 유정복 46.4%'로 발표되면서 5.8%나 뒤지는 것으로 나타나자 여기저기서 탄식이 쏟아졌다.

실로 유·불리를 점치기 어려운 초긴장 상태에서 개표가 진행되었다. 피 말리는 시간이 흐르는 가운데 자정이 가까워지면서 승리에 대한 확신이 들기 시작했다.

'유정복 인천시장 당선!' 선거 결과는 보기 좋게 JTBC의 출구조사를 뒤집으며 또 한 번의 기적으로 다가왔다. 그와 동시에 눈앞에 다가온 인천아시안게임과 부채에 시달리는 인천의 운명을 어깨에 짊어졌다는 책임감이 몰려왔다.

그렇게 민선 6기 인천시장에 당선돼 4년 동안 인천의 발전을 위해 모든 역량을 쏟아부었다.

Who
유정복은 누구인가?

이런 일도 있었지요

- 여야 만장일치로 통과된 장관 청문회 / 64
- DMZ 유도(留島) 황소 구출 / 68
- 유커 4,500명 월미도서 치맥 파티 / 75
- 모친상(母親喪) 조의금으로 장학회 설립 / 78

여야 만장일치로 통과된 장관 청문회

17대 국회에서 한나라당 제1정조위원장을 맡았던 나는 행정부처의 장관이 임명될 때마다 언론에서 무차별적으로 청문이 실시되는 걸 보면서 장관 검증은 국민의 대의기관인 국회에서 해야 할 일이라고 생각했다.

적어도 한나라의 국무위원이 되고자 하는 사람이라면 국민 앞에서 한 줌 부끄러움이 없어야 국가와 국민을 위해 일 할 수 있는 자격이 있다고 생각했다.

그때까지만 해도 4대 권력기관이라고 할 수 있는 검찰총장, 경찰청장, 국세청장, 국정원장 등에 대해서만 국회청문회가 실시 됐는데 그러다보니 장관이 임명되면 언론에서 대상자에 대해 발가벗겼고 그에 따라 마녀사냥식의 국민 질타가 이어지곤 했다.

나는 모든 국무위원에 대해 행정부를 견제하는 국회에서 청문회를 실시하는 것이 원칙이라는 생각에 청문회 관련 법안 4개를 대표 발의해서 국회에서 통과시켰다.

당시엔 나 자신이 장관을 하게 될 것이라는 생각은 하지 못했으나 2010년 8월 8일 이명박 정부에서 농림수산식품부 장관에 임명되어 내가 만든 법에 의해 청문회에 서야만 했다.

사실 내가 만든 청문회로 인해 그동안 국무총리 후보자나 장관 후보자들이 청문회 과정에서 불거진 과거의 잘못으로 낙마한 경우가 허다했고 뒤가 구린 사람들은 장관 제의가 들어와도 이를 고사하는 일이 비일비재했으며 나름대로 깨끗하다고 자부하는 내정자들도 부동산 문제나 위장전입 등으로 곤욕을 치렀다.

농림수산식품부 장관 내정자로서 나도 청문회에 서야만 했다.

하지만 나는 두려운 것도 없었고 불안한 것도 없었다. 있는 그대로의 내 삶의 과정이 파헤쳐 지는 것인데 살아오는 동안 양심과 원칙을 지키면서 스스로에게 부끄럽지 않게 살려고 노력해왔기 때문이다.

공직자로 생활하는 동안에도 소위 재테크라는 것을 해본 일이 없고 관심조차 없었으며 오직 주어진 업무에 최선을 다해 일에 미친 것이 내 삶이었다. 군수와 구청장과 시장을 하면서도 어떻게 하면 지역을 발전시키고 주민을 편안하게 할 것인지를 구상하며 늘 새로운 꿈을 꾸었기에 그것이 보람이었고 기쁨이었다.

살아생전에 어머니께서는 '오얏 나무 아래서는 갓끈을 고쳐 매지 말라'는 속담을 예로 드시며 건설업을 하는 형님들께 '정복이가 군수로 있는 동안에는 김포 땅에 못 하나도 박지 말라'고 엄명을 내려 오해의 소지를 차단했다.

실제로 형님들은 내가 10년 가까이 김포 군수와 시장에 재직하는 동안 김포에서 친분에 의한 사적인 건설 의뢰가 들어와도 '내 동생이 김포에 있는 한은 김포에서 어떠한 사업도 하지 않는다'며 이를 수주하지 않고 포기하셨다.

인천시장이 되었을 때는 인천에서 건설회사를 키워오신 형님은 회사를 경기도 지역으로 이전하기도 했다.

막상 청문회가 시작되었으나 이렇다 할 꼬투리가 없었다. 그러다 보니 야당에서는 전문성이 부족하다는 지적을 했지만 내가 그동안 경험한 바와 농촌의 현실적 문제를 적나라하게 적시하며 그 대책 등을 소신껏 밝히자 싱겁게 수그러들었다.

내가 농촌 문제에 대해 무지할 것이라고 생각했을 수 있지만 나는 농촌 지역인 김포군수와 시장을 하면서 한발 앞선 농업정책을 펼친 바 있다. 정부에서 농민의 날을 제정하기 앞서 나는 전국에서 최초로 농민의 날을 조례로 제정해 농업인의 자긍심을 높였고 전국 최초로 김포쌀을 TV에 광고해 쌀도 광고하는 시대를 열었다.

농림수산식품부 장관에 대한 청문회는 정말로 싱겁게 끝이 났고 나는 여야 만장일치로 청문회를 통과했다. 이후 나는 박근혜 정부에서 행정안전부 장관에 임명되어 또 한 번의 청문회를 거쳤지만 역시 여야 만장일치로 청문회를 통과했다.

내가 만든 청문회에 내가 섰지만 나는 지금도 청문회 입법 발의자로서 긍지를 갖고 있는데 그 후 많은 사람들이 청문회 문턱에서 좌절하는 모습에 안타까운 마음도 있지만 문재인정부 들어와서는 숱한 문제가 있어 국회에서 부적격자로 의견을 내어도 아랑곳하지 않고 문제 인사들을 임명하는 모습을 보며 씁쓸하기만 하다.

DMZ 유도(留島) 황소 구출

나는 집에 하얀 마르티스 반려견을 키우고 있다.

집에 들어가면 제일 먼저 반기는 것이 반려견 '제티'이고 혼자 있을 때는 까만 눈을 반짝이며 재롱을 부리는 모습에 홀딱빠져 즐거워 하기도 한다.

나는 김포군수 재임 당시 실로 세계적으로 화제를 모은 사건이 있었는데 고립된 소 한 마리를 구출하기 위해 인간의 위험을 무릅쓰고 작전을 감행토록 한 것이다.

1996년 12월 20일, 나는 김포시 월곶면 보구곶리에 위치한 해병부대를 찾았을 때 부대장으로부터 너무나 뜻밖의 사실을 하나 전해들었다. 아무도 살지 않는 비무장지대 내에 있는 유도에 소가 한 마리 살고 있다는 것이었다.

병사들에 따르면 여름 폭우 때

북한에서 홍수에 떠내려 온 것으로 보이는 소 두 마리가 8월 24일 목격되었는데, 얼마 전부터 한 마리는 보이지 않고 다리를 저는 황소 한 마리만 관측된다는 것이었다.

또한 겨울이 되면 먹을 게 없으므로 그냥 방치할 경우 남은 한 마리마저 그리 오래 살지 못할 것이라는 얘기였다.

위문을 마치고 복귀한 후 황소 생각 때문에 잠도 제대로 이룰 수 없었다.

아무리 말 못 하는 짐승이지만 이데올로기 때문에 죽어가야 하는 황소의 운명을 알면서도 모른 체해야 한다는 건 크나큰 죄악이라는 생각이 나를 괴롭혔다.

나는 다음 날 출근하자마자 간부회의를 열어 황소를 살릴 수 있는 방안을 논의하였다.

그러나 유도가 비무장지대 내에 위치하여 군사정전위원회 유엔군 사령부의 관할 구역인 관계로 마음대로 드나들 수 있는 곳이 아닐뿐더러 여러 가지 걸림돌도 많았다.

하지만 어떻게든 황소를 살려야겠다는 나의 의지는 변함이 없었다. 그런데 때마침 다가오는 새해가 정축년 소의 해라 황소를 살리는 일에 각별한 의미를 부여할 수도 있을 것 같았다.

때마침 내 방에 들렀던 SBS의 채홍기 기자에게 이러한 사실을 얘기하자 SBS에서는 유도 황소를 본격 취재하여 1997년 1월 1일 그러니까 소의 해 첫날 저녁 톱 뉴스로 유도 황소를 보도하였고 이 보도로 유도 황소는 세간의 관심사가 되어 각종 언론으로부터 집중적인 취재 대상으로 떠올랐다.

채홍기 기자는 그해 이 취재로 '올해의 언론인상'을 받기까지 했다.

나는 우선 황소가 굶어 죽지 않도록 먹이를 보낼 수 있는 방법을 모색하였다. 그 결과 열기구를 활용해 사료와 물을 공급하는 방안을 구상했다.

또한 1월 8일에는 '남한에서는 물과 사료를 보내주고 북한의 황해도 개풍군에서는 암소 한 마리를 유도에 보내 같이 살게 하자'는 방안을 내놓고 이를 통일원과 국방부, 안기부와 유엔사 등에 정식 공문을 보내 협조를 구하였다.

한편 이러한 제반 문제를 직접 협의 하기 위해 개풍군 인민위원회 위원장을 만나기 위한 '북한접촉 승인 신청서'를 통일원에 접수 시켰다.

이렇게 되자 연일 언론에서는 유도 황소를 경쟁적으로 보도하기 시작했고 나의 한마디 한마디가 중앙 언론을 통하여 전국에 퍼져 나갔다. 급기야 경기도와 중앙정부에서도 이 문제를 본격적으로 검토하기에 이르렀다.

1월 14일, 정부는 관계장관 회의를 통해 유도 황소를 뭍으로 옮기기로 결정했다고 발표했는데 그 이유로는 지속적인 사료 공급이 어렵고 북한을 쓸데없이 자극하는 일이 될 수도 있다는 판단과 유도의 생태계 보호라는 이유를 대었지만 후에 중앙의 기자들로부터 이러한 이유보다 정치권의 이해관계에 따른 결정이었다는 얘기도 들을 수 있었다.

결국 주한 유엔군 사령부는 1월 16일 판문점 군사정전위원회 직통 전화를 통해 '1월 17일 선박 4척, 인원 24명을 보내 유도에 있는 황소를 구출한다'고 북측에 통보했고

드디어 1월 17일, 황소가 유도에서 발견된 지 143일 만에 뭍으로 구출되는 날이 밝았다.

1백여 명의 내외신 기자들이 황소 구출 모습을 취재하기 위해 모여들었다. 나는 오전 11시쯤 구출 작전이 진행되는 군부대 OP에 도착했다.

기자들의 질문 공세가 이어졌고 난생 처음 AP통신, NHK 등 외신과 인터뷰를 하였다.

드디어 낮 12시경 해병 청룡부대 장병과 군수의관을 태운 고무보트 2대가 유도를 향해 출발했다.

물살을 가르며 500여 미터의 강을 건너 유도에 이르는 모습을 지켜보는 동안 입안이 말라왔다.

유도는 지뢰지대이고 비무장지대인 만큼 설령 군사정전위를 통해 미리 통보는 했다 하나 북한의 방해공작도 예상할 수 있었고 혹시 황소를 구출하는 과정에서 병사들이 다치기라도 하는 날엔 그 파장이 엄청날 것이란 생각이 들었기 때문이었다.

긴장된 시간이 흘렀다.

강을 거슬러 치고 오르는 찬 겨울 바람이 귀를 시리게 했다.

1시간 반 가량이 지난 후 드디어 추위와 굶주림에 허덕이던 황소가 마취된 채 뭍으로 무사히 옮겨졌다.

뭍으로 나온 황소의 모습은 처참했다.

바싹 마른 체구에 왼쪽 앞다리는 발굽 근처가 곪아 썩고 있었는데 발목지뢰를 밟은 것으로 밝혀졌다.

오후 3시경, 나는 부대장에게서 황소를 인계받아 '평화의 소'라고 쓰인 붉은 띠를 목덜미에 둘러주며 명명식을 가졌다.

그날 전국은 '유도 황소 구출' 소식으로 떠들썩했고 인간이 소의 생명을 구하기 위해 목숨을 걸고 추진한 구출 작전에 모두 감동하고 있었다.

'평화의 소'는 구출 후 김포군농업기술센터에 보금자리를 마련했고 북제주군에서 보내온 '통일의 소'와 합방을 해서 그해 11월에 수송아지 '평화통일의 소'를 얻었고 그동안 얻은 세 마리의 '평화통일의 소'들 중 첫째는 어미의 고향인 제주도 '우도'에 보내져 관광 명물로 사랑을 받도록 하였다.

그후 유도 황소는 세상을 떠났고 김포시 통진읍에 위치한 '두레문화

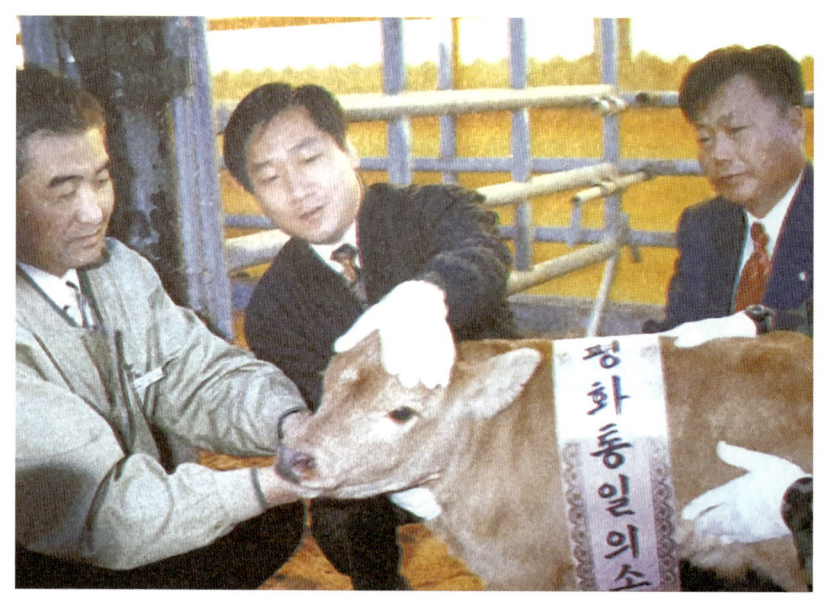

회관' 입구에 이 황소의 동상을 세워 당시의 상황을 기억하도록 하면서 평화통일을 염원하는 상징물로 자리잡아 가고 있다.

지금도 아쉬움이 있는 것은 당시 나의 제안대로 비무장지대인 유도에 남북한에서 공동운영하는 '남북 소 방목장'이 성사를 이루었다면 인간이 이루기 어려운 남북 화해와 통일을 소로부터 시작해서 그 물꼬를 틀 수 있었지 않았을까 하고 생각해 본다.

유커 6,000명 월미도서 치맥 파티

나는 민선 6기 시장 취임 후 한류 열풍이 아시아권을 넘어 세계로 뻗어나가는 가운데 거대한 중국 시장을 인천으로 유인하기 위해 '인천 안의 중국시대'를 열기로 마음먹고 추진계획을 세웠다.

그러던 차에 2016년 3월 크루즈가 아닌 비행기로 방문하는 단일 단체로는 유사 이래 최대 규모인 6,000명 규모의 중국 광저우시 아오란그룹(广州市傲澜集团) 유커들이 중국 24개 도시에서 150여 편의 항공편을 이용해 인천국제공항을 통해 입국했다.

당시 중국에서는 한국드라마를 통해 '치맥'에 대한 열기가 뜨거웠는데 한국을 찾은 아오란 그룹 직원들은 인천 월미도에서 국내 최대의 역대급 치맥 파티를 가졌다.

2016년 3월 28일 중국 관광객이 한자리에서 치맥 파티를 벌였는데 나는 이 자리에 참석해 이들을 환영하는 건배를 하였고 유커들은 일제히 화답하며 인천의 하늘 아래서 한류를 만끽했다.

화장품과 건강식품을 판매하는 아오린 그룹의 인천 치맥 기록을 살펴보면 그 규모가 어느 정도였는지 상상할 수 있다.

우선 방문 규모가 단일 회사 인원으로는 역대 최대였고 이들이 타고 온 비행기가 158대, 이들을 실어 나른 버스가 160대로 이를 일렬로 세웠을 때 길이가 1,540m에 달한다.

또한 월미도 치맥파티에 제공된 치킨이 3,000마리였고 이들이 머문 객실수가 3,000개 였다.

이뿐만 아니라 이들이 파티에서 소비한 맥주캔을 쌓으면 765m 높이로 강화도의 마니산 높이의 1.6배에 달하고 1회 치맥 파티에 놓여진 탁자가 6인용으로 750개가 펼쳐져 여기에 앉은 유커들의 모습이 장관을 이루었다.

그렇다면 이들이 인천에 준 경제효과는 어떠했을까?

아오린 그룹의 방문에 따른 경제효과는 총 304억 원에 이르는 것으로 분석됐다.

나는 재임시 인천시의 미래 먹거리 중 하나로 중국과의 교류를 꼽았고 이를 위해 2016년 6월 13일 한 중 비즈니스 통합네트워크 '인-차이나 포럼'을 출범시키기도 했다.

나는 그 꿈과 비전을 현실화해 인천의 경제를 부흥시키는 것이 내가 가진 또 하나의 목표이기도 하다.

모친상(母親喪) 조의금으로 장학회 설립

사람이 한세상 살면서 누군가를 위해 자신의 것을 나누는 모습은 참으로 아름답다.

나는 어린 시절을 인천의 수도국산 아래 송림동에서 보냈는데 모두가 어려운 형편들이었지만 송림동 달동네는 사람 냄새 물씬 나는 정이 넘쳐나는 동네였다. 남의 자식 내 자식 가리지 않고 동네 아이들이면 보살펴 주었고 굶주리는 가족이 있으면 그야말로 십시일반(十匙一飯) 나누었다.

특히 돌아가신 어머님께서는 늘 생전에 "세상은 혼자 사는 게 아니라 모여 사는 것이고 나누며 사는 것"이라고 하시면서 어머님은 음식을 해도 이웃과 나누었고 가족 없이 홀로 남하한 실향민 어르신에게는 남모르게 가진 것을 나누어 생활할 수 있도록 도우셨다.

내가 36세의 나이로 김포군수에 부임하자 '우리 정복이가 원님이 되었다'고 대견 해 하시던 모습이 눈에 선하다. 그러면서 "원님은 나랏님을 대신해서 백성들 잘 보살피라고 내려보낸 것이니 허튼짓하지 말고 힘없고 어려운 사람들 잘 챙기라"고 당부하셨다.

어머니는 내가 있는 김포가 거리상 가깝고 그동안 자주 만나지도 못했던 아들인지라 이따금 오셔서 하루 이틀 머물다 가시기도 했는데 이것이 어머니를 마지막 뵙는 기간이 될 줄은 몰랐다.

어머니는 자식들이 모두 나름대로 자리를 잡아 편안한 생을 즐기실 만할 때, 이제 고생하신 어머니께 자식 노릇 제대로하며 효도 한번 해보자고 맘먹고 있을 때, 끝내 어머니는 1997년 76세로 생을 마감하셨다.

100세 시대인 요즈음의 건강하신 어르신들을 뵈면 그런 어머니가 너무 일찍 돌아가셨다는 생각과 살아생전 고생만 하신 것이 맘에 걸려 회환에 휩싸인다.

세월이 갈수록 어머니가 그립다. 살아계셨으면 너무도 기뻐하셨을, 시장 취임도 국회의원 당선도 더구나 아들이 장관이 되는 모습뿐만 아니라 수도국산에서 태어난 아들이 인천시장이 된 모습도 보여드리지 못한 것이 못내 한으로 남는다.

어머니 장례를 치른 후 형제들은 살아생전 나눔을 실천하신 어머니의 뜻을 어떻게 받들 것인가를 의논했다.

그 결과 당시 부의금으로 들어 온 6000 여 만원을 장학기금으로 만들기로 의견이 모아졌다. 나는 형제들의 의견대로 이 돈을 종자로 '김포장학회'를 설립해 어머니의 뜻을 받들기로 했다.

그렇게 시작된 장학기금이 지금은 약 100억 원이 되어 김포의 인재를 지원하는 데 쓰이는 걸 보며 속으로 큰 보람을 느낀다.

그동안 총 4,000여 명의 대학생과 중고생들이 47억 원의 장학금을 수여 받았고 졸업한 학생들은 어디선가 국가발전에 기여하고 있을 것으로 기대하고 있다.

어머님은 떠나셨지만 어머님이 남기신 장학금은 대를 이어 누군가에게 전수될 것이고 그로 인해 사회의 일꾼으로 진출할 것이다.

어머님은 어쩌면 저 하늘에서 내려다보시며 그렇게 결정한 7남매에게 빙그레 미소를 보내실 것으로 믿는다.

나는 인천시장이 되어서도 후진 양성의 중요성을 강조하며 2014년 취임 당시 인천시 장학기금이 98억 원이었던 것을 2017년 말에 351억 원으로 대폭 늘려 학생 1인당 100~200만 원씩 매년 약 10억 원의 장학금을 지원하는 사업을 해온 바 있다.

What

유정복은 무엇을 하였고 앞으로 무엇을 할 것인가?

- 지금까지 유정복은 무엇을 하였는가?
  - 위기관리
  - 난제해결
  - 창조와 혁신
  - 지방자치 역사 견인
  - 세계를 무대로
  - 기록제조기
- 민선6기 주요 사업성과 연보
- 앞으로 유정복은 무엇을 할 것인가?
  - 그랜드 비전(Grand Vision) - 대한민국을 넘어 글로벌 중심도시
  - 지방자치와 정치발전 비전
  - 인천의 현안 해결 비전
    1. 4차 산업혁명시대 경쟁력 있는 도시
    2. 모든 길은 인천으로 연결되는 편리한 도시
    3. 주민이 직접 참여하는 도시재생 추진
    4. 일하기 좋은 경제도시
    5. 쾌적한 녹색문화가 있는 도시
    6. 모두가 건강하고 안전한 살기좋은 행복도시

What
**유정복은 무엇을 하였고
앞으로 무엇을 할 것인가?**

지금까지 유정복은 무엇을 하였는가?

- 위기관리
    1. 재정위기 극복 / 86
    2. 구제역 종결과 메르스 청정지역 유지 / 88
    3. 안전도시 세계1위 인천 선정 (넘베오) / 90

- 난제해결
    1. 문학산 정상 개방 / 92
    2. 수도권 매립지 해결 / 93
    3. 제3연륙교 건설 / 95
    4. 7호선 청라 연결 / 97
    5. 문화성시 인천 / 98

- 창조와 혁신
    1. 인천발 KTX 초고속 추진 / 102
    2. 인천의 가치재창조 / 104
    3. 주권시대 선언 (7대 주권) / 105
    4. 끊임없는 신규정책 발굴 / 114

- 지방자치 역사 견인
    1. 지방자치 부활의 산파역 / 120

2. 시장·군수·구청장 협의회와 시·도지사 협의회 주도 / 121

　3. 지방자치의 날 기념식, 지방자치박람회 개최 / 122

　4. 농업인의 날 제정 / 123

• 세계를 무대로

　1. 2014 인천아시아경기대회·2014 인천장애인아시아경기대회 / 125

　2. 2015 세계교육 포럼 / 127

　3. 2015 프레지던츠컵 대회 / 128

　4. FAO 아태지역총회 개최 및 총회의장 선출 / 128

　5. 보아오포럼 한국대표로 참가 / 129

　6. 제1회 한·중지사 성장 회의 및 제5회 한·일 지사회의 / 129

　7. UN 거버넌스센터 유치 / 131

　8. 미국 국제자매도시연합(SCI) 연차총회 아시아 대표시장 연설 / 132

　9. 영국 케임브리지대학 특강 / 132

　10. 미국 템플(Temple)대학 주관 지방자치 연수 및 조지워싱턴대학
　　　비지팅 스칼러 (Visiting Scholar) / 133

　11. 품격 있는 국제외교 경험 / 134

• 기록제조기

　1. 최연소 : 국장(경기도), 군수(김포), 구청장(인천 서구청장),
　　　시장 (김포시장) / 137

　2. 초대, 최초 / 138

　3. 창조적 언어로 조직문화 리드 / 141

　　　- 우리는 애인!, 내사랑 김포!, 운동은 밥이다

　　　- 인천의 꿈 대한민국의 미래, all ways INCHEON, 서인부대 등

위기 관리

1. 재정위기 극복

부채도시의 오명을 벗겨내고 재정 정상단체로 전환

3조 7천억원의 빚을 갚고, 2014년 부채비율 37.5% → 2017년 21.9%

민선6기 인천광역시장으로 취임을 하고 눈덩이처럼 쌓인 빚과 오랜 시간 미제로 방치된 현안 해결이라는 험준한 파고 앞에서 위태로운 여정을 시작하게 되었다. 그중에서 시급하게 해결해야 할 과제가 인천의 재정위기 극복이었다. 취임초 시본청 채무비율이 39.9%로 재정위기단체 지정 기준인 40%에 달해 결국 재정위기 주의단체 지정이라는 불명예를 안게 되었다.

민선6기 혁신의 제1과제로 부채도시 탈출을 내걸고 2015년을 재정건전화의 원년으로 선포했다. 재정기획관을 신설하고 재정건전화 3개년 계획을 수립하여 과감하게 세입·세출의 구조적 혁신을 단행했다. 보통교부금, 국고보조금 등 각종 정부지원금 확충, 지출 절감, 세수확충 등의 피나는 노력을 다하였다.

그 결과 인천시 부채 규모는 시장취임 당시 대비 3년여 만에 3조 7천억원을 감축하였고, 재원 부족으로 군·구 및 교육청 등에 지급하지 못한 것과 통계에 잡히지 않았던 숨겨진 채무 6,920억원까지 해소하였다.

2017년말 채무액이 2조 2,448억원으로 기준 채무비율이 21.9%가 되었고, 2018년 2월 12일 행정안전부의 지방재정위기 관리위원회에서 재정위기 주의 단체 지정해제를 결정함에 따라 부채도시의 오명을 벗어나 재정정상단체로 전환하였다.

2. 구제역 종결과 메르스 청정지역 유지

〈구제역 종결〉

2010년 농림수산식품부 장관 재직 당시 집무실에 야전침대를 놓고, 불철주야 상황을 진두지휘했던 기억은 잊을 수 없다. 전문가 의견을 존중하고 신중한 결정으로 정부차원의 신속한 대응을 통해 국민을 안정시켜가면서 '현장에 답이 있다' 는 평소 소신처럼 현장에서 답을 찾기 위해 혼신을 다하였다. 나는 내가 할 수 있는 지혜와 역량을 총 동원하여 구제역 종식에 나섰다.

당시 정부의 구제역 매뉴얼을 거의 통째로 외우다시피해 이론적 무장을 하였고, 이를 토대로 2010년 12월 22일 백신 투여를 결정했다. 당시 축산가와 방역협의회 관계자의 많은 반대가 있었지만 그 불가

〈사진 : 구제역 방역 대책을 설명하는 필자〉

피성을 눈물로 호소하며, 전문가와 농업단체의 동의를 이끌어내 백신을 접종하게 되었고, 구제역 확산을 막아냈다. 이후 과거와 같은 구제역 확산을 근본적으로 해결하게 된 것은 큰 보람으로 남는다. 대한수의사회에서는 나의 공로를 인정해 명예수의사로 위촉해 주어 지금도 수의사회와의 교류를 계속하고 있다.

또한 당시 구제역에서 발생한 모든 상황을 분석해 완벽에 가까운 매뉴얼을 만들었고 시스템도 갖추었다. '매몰지 2차 오염문제' 에 대해선 환경부와 협의하고 우려를 불식시키는데도 노력했다. 이러한 경험과 노하우는 인천시장 취임후 발생한 메르스의 청정지역 유지에도 많은 도움이 되었다.

〈메르스 청정지역 유지〉

2015년 6월 전국적으로 중동호흡기증후군(메르스)이 확산된 가운데 인천시는 메르스 청정지역이 계속 유지될 수 있도록 자택 격리 의심환자와 향후 발생할 의심환자에 대한 이송체계, 격리방식을 총 점검하는 등 24시간 감시체계를 유지하는 데 총력을 쏟았다.

인천은 메르스에 대항해 공공과 민간의료기관이 잘 협력한데다, 평상시 구축해온 방역체계 때문에 메르스 확산을 막을 수 있었고, 69일간 메르스 청정지역으로서의 입지를 유지하며, 메르스 사태를 마무리하였다. 메르스가 전국적으로 발생하는 상황에서 인천은 인천국제공항과 항만이 위치해 있어 다른 어느 지역보다 메르스 확산 가능성이 높았지만 전국 시·도 가운데 유일하게 메르스 확진환자가 단 한 명도

발생하지 않은 청정지역을 끝까지 유지했다.

2015년 5월 20일 발생 이후 2015년 7월 까지 메르스 유증상자 59명, 격리·능동감시 등 모니터링 대상자 530명을 관리했지만 확진 환자는 단 한 명도 발생하지 않았던 것이다.

3. 안전도시 세계1위 인천 선정 (넘베오)

2016년 세계 범죄 및 안전도시 조사 결과에서 인천이 세계에서 가장 안전한 도시 1위로 선정되었다.

조사대상 118개 국가 342개 도시 가운데 한국의 인천이 안전지수

90.89, 범죄지수 9.11을 각각 얻어 세계에서 가장 안전한 도시로 이름을 올렸다. 각 평가항목별 지수는 0~100 구간을 척도로 안전지수는 높을수록, 범죄지수는 낮을수록 각각 치안이 잘 유지된 도시로 분류된다.

인천 다음으로 일본의 교토, 한국의 서울, 터키의 에스키세히르, 독일의 뮌헨 순이다. 인천은 범죄지수 평가에서 자동차 도난사고(7.69)와 인종·종교적 차별로 인한 신체적 학대(8.33) 지수가 낮았다. 낮 시간 안전지수는 90.38. 밤 시간 안전지수 84.62로 높은 수치를 기록했다.

넘베오는 전 세계 웹사이트 방문자를 대상으로 국가 조사와 유사한 방식의 설문조사를 실시해 순위를 매기고 있다.

난제 해결

1. 문학산 정상 개방

인천의 가치, 인천의 정신을 말하면서 그 뿌리인 문학산에 관한 이야기를 하지 않을 수 없다. 문학산 정상은 군부대 주둔으로 지난 50년간 폐쇄되어 있었다. 문학산은 인천의 진산이지만 정작 시민은 그 정상에 오를 수 없었다.

나는 시장 취임 후 '인천의 가치재창조' 사업의 일환으로 문학산 정상 개방을 위해 관할 군부대 등과 끈질긴 협상에 나섰고, 마침내 2015년 10월 15일 '제51회 시민의 날'을 맞아 문학산 정상을 50년

만에 시민의 품에 안겨드렸다.

문학산 정상에서 바라본 인천의 전경이 얼마나 아름다웠던지 당시 뭉클했던 기억은 아직도 새롭다. 이후 시민 품으로 돌아온 문학산에 28억원을 투입하여 등산로를 정비하고 편의시설을 대폭 확충하는가 하면 인천의 아름다운 야경과 함께하는 이색적인 문학산상 음악회를 매년 개최하는 등 새로운 시민 공간으로 자리매김하게 되었다.

2. 수도권 매립지 해결

민선6기 시장 취임 후 당장 해결해야 할 가장 큰 이슈는 수도권매립지 문제였다. 2016년 매립지 종료를 앞두고 있었으나 폐기물 처리를 위한 대체매립지를 확보하지 못하면서 매립 연장이 불가피 해졌다. 수도권매립지는 인천이라는 행정구역 내에 있을 뿐 실제로는 인천의 땅이 아니었다.

수도권매립지는 서울시가 71%, 환경부가 29%를 차지하고 있었다. 즉 인천은 수도권매립지 소유권도 없고, 매립종료 후 토지사용권도 없는 무기력한 존재였고, 기득권을 쥐고 있는 환경부가 인천시의 의지와 상관없이 매립지 정책을 주도하고 있었다. 토지소유, 즉 매립지 면허 지분을 갖고 있는 서울시, 환경부의 철벽에 막혀 인천시는 황망히 끌려다니는 형국이었다.

취임 후 즉각적인 대책 마련에 착수했다. 실질적인 매립 종료를 위해

인천시 주도하에 환경부, 서울시, 경기도와 4자 협의체를 구성하고 본격 논의에 나섰다. 6개월 동안 수차례에 걸친 끈질긴 협상, 그리고 이면적으로 강력한 정치적 힘을 발휘하여 마침내 수도권매립지 문제를 인천시가 주장한 대로 해결했다. 2014년 12월 16일 4자 협약을 체결하였다. 그 내용은 다음과 같다.

첫째, 대체매립지를 조성한다. 이기간 동안 3-1공구를 매립지로 활용한다.

둘째, 수도권매립지(1,600만㎡, 484만평)를 인천시에 이양하고, 수도권매립지관리공사의 주무기관을 환경부에서 인천시로 이관한다.

셋째, 수도권매립지 반입 수수료에 50%의 가산금을 부가하여 이를 인천시에 납입토록 한다.

넷째, 7호선 청라국제도시 연장 등 주변 지역관련 현안 사항에 정부와 수도권 3개 시도가 적극 협력한다는 것이다.

민선6기 당시에는 대체매립지조성추진단을 구성 운영해왔고, 매립이 종료된 655만㎡가 인천시로 이양되도록 했다. 이는 매립지의 소유(면허)권을 확보함으로써 정책의 주도권을 갖게 되는 등 실질적 성과로 이어지게 되었던 것이다.

또한 반입 수수료 가산금도 매년 700~800억원씩 인천시로 들어오고 있고, 7호선 청라국제도시 연장도 이뤄지는 등 매립지 문제를 근본적으로 해결하고자 노력해 왔다.

그러나 민선7기 박남춘 시정부에 들어와서 4자 협의체 가동도 제대로 못하는 등 기본합의서 조차 지켜내지 못하였다. 4자 합의를 충실히 이행하는 것이 문제해결의 지름길이었는데 민선7기 시정부는 이러한 합의를 외면해왔기 때문에 매립지 문제가 해결될 수 없었던 것이다. 대체매립지 조성 합의사항도 이행하지 못하고 특히 매립지관리공사의 인천 이관 반대와 4자협의시 양도받기로한 부지에 대해 주도적 관할권 행사를 하지 않는 등의 실책으로 매립지 문제해결을 퇴행시켰다.

뿐만아니라 박시장은 누구도 해결하지 않았던 매립지관리공사와 부지 이관 성과를 인정하지 않고, 전임 시정부를 탓하면서 대체매립지 조성과 소각장을 건설하겠다고 했으나 계획만 있고 지역주민의 갈등만 유발하는 박 시장의 매립지 정책은 현실적으로 주민들에 대한 희망 고문이라고 본다.

3. 제3연륙교 건설

제3연륙교는 영종대교와 인천대교에 이은 세 번째 다리로, LH공사에서 영종하늘도시와 청라국제도시 조성원가에 건설비 5천억원을 반영했으나 국토교통부가 교량 건설로 영종대교와 인천대교의 교통

량이 감소하는 경우에 그 손실을 민자 사업자에게 보상하도록 하는 실시 협약을 체결한 탓에 사업이 장기 표류하고 있었다.

제3연륙교 사업의 주무부처인 국토부는 손실보전 규모를 1조 7천억 원에서 많게는 2조 2천억원으로 추산하고, 이를 인천시가 전액 부담 하도록 요구하는 등 관계기관 간 손실보전금 규모 및 부담 주체에 대한 공방으로 사업이 십수년간 방치되어 있다 보니 영종·청라 지역 주민의 불편과 민원은 이루 말 할 수 없었다.

더 이상 제3연륙교 문제를 방치할 수 없는 상황이었다. 국토부의 반대를 무릅쓰고 인천시에서 독자적으로 전문기관 용역을 하도록 했

고, 용역 결과 손실보전금 규모를 정확히 파악해보니 국토부 추산의 3분의 1 정도인 5천 900억원으로 나와 해결의 실마리를 찾아냈다.

이를 통해 제3연륙교 건설로 발생하는 영종대교 손실금을 70%까지 보전하는 방안을 마련하여 2017년 11월 국토부와 극적인 사업 추진 합의를 이끌어냈다. 그 후 민선7기 시정부에서 뒤늦게 2021년 12월 착공식을 개최하였다. 앞으로 영종과 청라 등 주변 지역의 새로운 발전이 기대되고 있다.

4. 7호선 청라 연결

서울7호선 청라국제도시 연장은 시장을 비롯해서 인천시 공무원들이 3년 6개월간 무려 170여 차례나 정부부처와 관계기관을 찾아다니며 사업의 당위성을 이해시키고자 노력하는 등 집념과 열정으로 얻어낸 결과였다.

2017년 12월 29일은 특별한 의미를 가진 날이다. 정유년이 가기 전에 지역주민과 300만 인천시민의 오랜 염원이자 마지막 남은 우리 시의 최대 현안인 7호선 청라국제도시 연장 사업이 예비타당성 조사를 통과하여 사업을 확정짓게 된 것이다.

지금 돌이켜보면 이러한 과정이 헛되지 않고 열매를 맺게 되어 시장으로서 가슴 벅찬 감격이 밀려온다. 취임 전부터 국토부 장관과 기재부 장관을 만나는 등 사업 추진에 사력을 다해왔다. 이런 내 마음을

알고 있는 담당 공무원들이 3년 6개월간 무려 170여 차례나 정부 부처와 관계기관을 찾아다니며 사업의 당위성을 이해시키고자 노력을 다했고, 내부적으로 사업 타당성을 높이기 위한 연구에도 심혈을 기울여 마침내 난제를 해결할 수 있었다.

5. 문화성시 인천

내가 민선6기 시장으로 취임할 당시 우리 인천에는 시립미술관도 없고 국립문화시설도 전무한 실정이었다. 따라서 뮤지엄파크, 국립세계문자박물관, 국립인천해양박물관 건립 등 문화성시 인천 정책을 적극 추진하였다.

인천에 시립미술관이 없다는 것은 대도시로서 창피한 일이 아닐 수 없다. 수많은 검토 끝에 용현·학익지구 OCI 기부체납 부지 50,809㎡에 미술관과 박물관을 건립하고, 기타 문화시설을 갖춘 뮤지엄파크를 건설하기로 결정했다. 이를 토대로 문화성시 인천의 기틀을 마련하는 계기가 되었다.

'문화성시 인천' 정책은 뮤지엄파크 건립 등 각종 문화인프라 확충은 물론, 시민의 문화 참여활동 확대를 통해 궁극적으로 인천 문화예술의 질적·양적 성장과 발전의 토대가 될 것이다.

특히 국립인천해양박물관 유치는 해양도시 인천의 위상 강화는 물론 인천시민을 비롯한 전국민에게 커다란 문화적 혜택이 될 것이다.

국립문화시설이 단 한 곳도 없던 인천에 세계적 규모의 국립세계문자박물관이 문을 열게 되어 지역 내 고용 창출과 국내외 관광객 확대에 크게 기여하게 될 것이다.

국립세계문자박물관 유치 과정에는 어려움도 많았지만 나는 유치전에 직접 뛰어들었다.

2015년 7월 국립현대미술관 서울관에서 열린 최종 프리젠테이션 발표에서 기존의 관례를 깨고 시장이 직접 참석하여 심사위원들에게 국립세계문자박물관 인천 유치의 당위성에 대해 진심을 다해 설명하며, 박물관이 인천에 유치될 경우, 한글 점자 훈맹정음을 창안하고 반포한 '송암 박두성 기념관'을 문자박물관으로 이전하겠다고 약속했다.

국립인천해양박물관 건립 사업도 빼놓을 수 없는 중요한 사업이다. 현재 해양박물관은 전국 19곳에서 국·공·사립 방식으로 운영되고 있지만, 대한민국 인구의 절반인 2천 5백만 명이 사는 수도권에는 단 한 곳도 없는 실정이다.

국립인천해양박물관 건립 사업은 인천시가 부지를 매립하고, 국가에서 약 1천 150억원을 들여 2024년까지 월미도 갑문 매립지에 연면적 2만 6천㎡, 4층 규모로 신축하는 사업으로 2024년 개관 예정이다.

국립인천해양박물관이 인천에 건립되면 해양문화 체험과 교육을 책임질 양질의 해양 인프라가 수도권에 조성되어 대한민국이 글로벌 해양 강국으로 한 걸음 더 나아갈 수 있는 초석이 될 것이다. 또한 수도권 대표 해양도시 인천의 정체성 확립에도 크게 기여할 것이다.

창조와 혁신

1. 인천발 KTX 초고속 추진

나는 2014년 인천시장에 출마하면서 제1호 공약으로 인천발 KTX를 내걸었다. 수인선을 경부선에 접속시키는 3.5km를 신설하는 사업으

로 인천과 전국을 잇는 교통혁명을 가져오는 사업을 구상한 것이다. 3천 800억원 전액 국가 예산으로 추진되는 이 사업은 인천의 역사를 바꾸는 사업이다.

당시 누구도 거론하지 않았고 정부 계획에도 없던 신규 사업을 추진하는 것은 실로 어려운 일이었다. 인천발 KTX를 신설 노선으로 추진할 경우 정부계획 반영과 예산 반영 등 복잡한 절차와 과정을 거쳐야 했는데, 이러한 국책사업을 불과 3년 만에 제3차 국가철도망 구축계획에 반영하고 예비타당성 조사도 통과(2016. 8)시켰으며 2년 연속 관련 예산 280억원까지 확보한 것은 유례가 없는 초고속 진행으로 평가되고 있다.

이 사업은 계획대로 되면 2021년에 완료되어 인천에서 대전까지 1시간, 광주 대구까지 1시간 50분, 부산까지 2시간 40분 정도 소요되어 인천에서 전국을 한두 시간에 오갈 수 있게 되는 교통혁명이 일어나게 되는 사업이다.

이와 관련 국통부 장관은 2018년 2월 보도자료를 통해 2021년 차질 없이 개통시킨다고 공표했었으나, 2018년 6월 박남춘 당선인 인수위에서는 사업연기 발표를 하는 일이 발생한 것은 납득할 수 없는 일로 역사에 기록될 무책임한 일이다.

2. 인천의 가치재창조

'인천가치재창조 사업'은 '인천 재발견' 사업이다. 자랑스런 역사와 천혜의 지리적 공간적 조건 그리고 사랑하는 인천인들의 잠재력을 통하여 정체성을 공유하고 자긍심을 키우며 나아가 미래의 꿈을 실현시킬 수 있는 정책이다.

인천이 인천다울 때 진정한 희망을 찾을 수 있다. 즉, 인천이 갖고 있는 고유한 역사·문화·사회적 가치를 살려나가면서 지역의 정체성을 확보하고 시민의 주인의식을 고취시켜 인천발전의 동력을 찾아나가는 일이야말로 그 어떤 사업보다 중요하다고 인식하게 된다. 그래서 인천 출신 최초의 시장으로서 인천가치재창조를 시정의 주요 과제로 정하게 되었다.

인천만이 가진 문화, 역사 등 장점을 차별화하고, 인천의 힘을 결집

할 수 있는 새로운 미래 발전이 필요하다는 생각에 2015년 1월 '인천가치재창조' 사업을 민선6기 시정의 역점시책으로 선정했다.

2016년 1월 인천가치재창조 비전 선포를 통해 4대분야 10개 과제를 발표하고 우리는 인천이라는 슬로건도 완성시켰다. 또한 '인천가지재창조 범시민네트워크'를 발족하여 시민과 함께하는 가치재창조의 깃발을 세웠다.

3. 주권시대 선언 (7대 주권)

'인천 주권'은 인천가치재창조 정신에 바탕을 두고 추진하였던 정책이다.

애인정책 역시 인천 중심의 도시발전 전략을 통해 궁극적으로 시민이 행복한 도시를 건설하는 것이다. 전국 최초로 어린이집부터 고등학교까지 무상급식을 시행하게 된 것이 대표적인 사례이다.

인천가치재창조 사업은 인천인이 하나가 되도록 공동의 목표를 추구하여 인천에 대한 똑같은 미래를 예감할 수 있어야 한다고 생각해서 구상한 것이었다.

인천의 주인인 인천 시민들이 함께 공유할 수 있는 정체성을 회복하는 일이라하고 할 수 있다. 인천 주권은 이러한 인천 재발견, 가치재창조 정신에 바탕을 두고 추진하고 있는 정책인 것이다. 이 정책은 교통·민생·환경·해양·문화·경제·교육 등 7대 주권으로 정리하여 추진하였다.

먼저 [교통주권]의 핵심은 과거 서울로 가는 관문도시에서 탈피하여 인천시민을 위한 교통정책을 추진하는 것으로 경인고속도로 일반화를 통해 단절을 해소하고 사통팔달의 공간으로 재창조하는 사업과 인천발 KTX 등이 대표사업이며, 그 외 3대 분야 14과제를 선정하여 추진하였다. 대한민국 최고의 공항과 항만을 갖고 있는 인천시의 위상에 걸맞게 하늘길, 바닷길, 육지길 등 모든 길은 인천으로 통하도록 재편해 나가고자 추진하였다.

[민생주권]은 인천형 복지모델인 공감복지를 실현하는 것이다.

인천의 부채문제가 실로 극한 상황까지 시정을 압박하는 상황 속에서도 복지관련 예산을 오히려 늘려왔다. 민선6기 들어 늘어난 복지예산이 1조원을 넘고 2018년에는 약 2조 8천억원의 복지예산을 편성하여 전체 예산 중 복지비가 차지하는 비중은 31.6%로 늘어났다.

공감복지는 SOS 복지안전벨트, 희망잡(JOB)이 프로젝트, 공보육, 인프라 확충 등 5대 분야 28개 과제를 통해 시민들의 안정된 생활과 소득을 보장하고, 인간적인 삶을 보장하기 위한 생애주기별 돌봄 서비스를 제공해 지역사회 문제를 300만 인천시민과 함께 해결해 나가고자 했다.

[환경주권]은 서울의 변방으로만 존재했던 시절의 쓰레기 처리, 대기오염, 해양오염 등의 문제를 인천의 입장에서 인천이 주도하는 환경정책으로 전환하는 정책이다.

수도권매립지 정책을 바로 잡아 인천의 권리를 정상화시켰다. 미세먼지 저감대책, 3천만 그루 나무심기 등 시민의 환경권을 회복하는 등 3대 분야 17개 과제를 추진하였다.

[해양주권]은 인류의 생명과 문화, 경제성장을 이끌어 온 바다를 인천 발전의 원동력으로 만들어 인천시민 모두가 행복한 '해양문명도시'를 만드는 정책이다.

여객운임지원 확대, 개항창조도시 건설, 애인(愛仁)섬 만들기, 서해5도 불법조업 근절 등 4대 분야 10개 과제를 추진해 왔다. 또한 백령도~연평도 북방한계선(NLL) 해상에 대형 바지선을 띄워 수산물을 교역하자는 해상파시도 제안했다. 이는 단순히 물고기를 사고 파는 게 아니라 안보와 중국어선 불법조업 방지, 어민 경제활성화 등 일석삼조의 효과를 볼 수 있을 것이다.

특히, 보물섬 프로젝트를 추진하였다. 인천에는 168개의 섬이 있다.

미국 CNN이 선정한 아름다운 섬 33선에 인천의 섬 다섯 곳이 선정되었을 만큼 모든 섬이 빼어난 자연경관을 자랑하고 있다. 또한 세계 5대 갯벌로 꼽힐 정도로 자연과 야생 동·식물 서식지가 잘 보존되어 있는 등 역사와 문화 생태학적으로도 중요한 자산이다.

인천섬은 그야말로 보물섬이다. 수도권에서 접근성이 탁월한 인천의 섬과 바다야말로 무한한 성장 가능성을 갖고 있는 관광자원이 될 수 있다. 민선6기 시장으로 취임해서 인천가치재창조 사업의 일환으로 보물섬 프로젝트를 적극 추진하였다. 인천의 각 섬이 가지고 있는 역사 문화 자연환경의 가치를 하나로 묶어 융합시킬 때 보물섬으로서의 미래를 기대할 수 있다.

인천의 섬만이 가진 우수한 문화 관광자원을 소개하고 홍보하는 '인천 아일랜드 로드쇼', 봄과 가을의 관광 주간에 '인천 섬 특별 프로그램' 개최, 서해5도 관광 활성화 및 군사적 긴장감을 해소하기 위한 '팸투어' 사업, 그리고 여름철 섬에서의 '가족힐링캠프'를 개최하는 등 인천만의 특색있는 프로그램을 추진해 왔다.

이러한 결과는 2017년 9월, 섬 여행객 100만명을 돌파했고 2018년 에는 인천시민 여객운임 지원을 80%까지 확대했으며, 명절 때 섬 관광을 활성화하고 시민 교통편의를 높이기 위해 설 명절과 추석 연휴 때 여객선 운임 전액을 시에서 지원해 왔다.

또한 해양도시 인천의 원도심 활성화를 위한 우선 과제로 개항창조도시 재생사업을 추진했다. 이는 개항장 일대를 해양·문화·관광이 융합되는 글로벌 도시로 만들어가는 것이다.

이 사업은 2016년 4월 국토교통부 경제기반형 도시재생공모 대상지로 선정되어 국비를 포함하여 6년간 약 6천억원이 투입되는 매머드 사업이었다. 2016년 12월 14일 인천시와 해양수산부, 한국토지주택공사(LH), 인천항만공사(IPA)간 기본업무협약 체결을 하였다.

기존의 주거환경개선사업은 노후·불량 건축물의 정비에 집중한 반면 개항창조도시 사업은 개항장 일대에 해양복합단지를 조성한다는 측면에서 새로운 개발모델로 추진하였다. 선도사업으로 추진하는 내항 상상플랫폼은 2019년까지 추진할 계획이었으나 2022년 현재 아직 공사중이다.

표류하던 인천 내항재개발 사업은 공공개발 방식을 적용하여 추진에 속도를 내고자 했다. 2016년 12월 인천시와 해양수산부, 한국토지주택공사, 인천항만공사 등과 인천 내항 1·8부두 항만재개발사업 시행을 위한 기본협약을 체결했다.

1·8부두 항만재개발 사업은 제2국제여객터미널 등을 포함해 사업구역을 확장하여 사업성을 높였으며, 일자리 창출, 도시관광 활성화, 교통환경 개선 등 획기적 변화를 예고하고 있다.

[문화주권]은 문화성시 인천을 이루어 시민 삶을 행복하게 하는 정책이다. 인천은 문화·예술·역사의 보고이나 서울 중심의 국가발전 전략으로 인해 문화조차도 모든 시선이 서울로 향해 있었다.

문화·예술의 잠재력이 큰 인천이 그 자산과 가치를 살려 문학산성 등 인천 고유 역사공간 확대, 1천 개의 오아시스 조성, 시립미술관을 포함한 뮤지엄파크 건설 등 3대 분야 23개 과제를 실현해 나가는 정책이다. 관광과 체육을 문화와 분리해서 생각할 수 없다.

관광산업이 미래 먹거리라고 보고 역사·문화 자산을 토대로 미래 산업으로서의 중추기관이 필요하다는 판단에서 인천관광공사를 부활시켰다. 또한 대한민국 국민생활체육회장을 역임한 시장으로서 엘리트 체육 못지않게 생활체육 활성화의 필요성을 누구보다도 깊이 절감하고 있기에 재정건전화의 결실을 건강한 인천 만들기에 아낌없이 투입하였다.

[경제주권]은 인천이 갖고 있는 경제기반을 살려 일자리와 지역경제 활성화에 초점을 두고 추진하는 정책이다.

인천의 자산이 될 수 있는 8대 전략산업(항공, 첨단자동차, 로봇, 바이오, 물류, 관광, 뷰티, 녹색기후금융)을 통해 기존 산업의 구조고도화와 신규 사업의 유치·융합을 통해 인천의 경쟁력을 높이고 농림수산식품부 장관 경험을 살려 도·농 상생방안을 마련하는 등 지속가능한 성장 도시로 만들어 가는 정책을 추진하였다.

4차 산업육성, 뿌리산업 강화 등 5대 분야 14개 과제를 만들고, 최우선 과제로 일자리 만들기를 추진하였다. 특히 청년일자리 창출이 대한민국의 희망이자 미래라는 점을 인식하고 고용노동부와 함께 정부의 취업성공패키지 사업과 인천의 청년취업 지원을 연계한 청년사회진출사업인 '청·사·진' 정책을 추진하였다.

특히, 인천경제 활성화와 소상공인을 위한 전자상품권 '인천너카드'를 도입하였다. 인천너카드는 15만 소상공인의 매출을 증대시키고 지역공동체 의식을 강화하는 중요한 플랫폼이 될 것이다. 이는 인천 지역 자금의 다른 지역 유출을 줄여 인천에서 자금이 순환될 수 있도록 하는 선 순환적 경제구조를 만들어 가는데 크게 기여하기 위한 것이다. 인천너카드는 인천e음카드로 변경되어 사용되고 있다.

또한 '인-차이나 프로젝트'를 추진하였다. 인천시는 인천시내에 중국 비즈니스 교류의 발판을 마련하여 중국 내륙시장 개척에 박차를 가하기 위한 구상인 '인천(Incheon)'발 '중국(China)'과의 상생발전 컨트롤타워가 될 '인-차이나 프로젝트(In-China Project)'를 추진했다.

이 프로젝트는 인천 안의 중국시대를 열겠다는 목표로 ▶대중국 교류·비즈니스 기반 구축 ▶중국 소비·내수시장 선점 ▶상호 교류 협력 체계 강화 등 3대 분야 6대 전략 25개 사업으로 나누어 중국의 대표 도시 7곳(광둥, 다롄 등)과 공동협력체인 '1+7=8자 협의체'를 통해 타깃도시별 투자활동, 기업현황 등 각종 정보를 축적하고자 하는 것이다.

이에 따라 민선 6기 8대 핵심사업인 물류, 첨단자동차, 항공, 관광(MICE, 의료관광, 마리나), 바이오, 로봇, 녹색기후금융, 뷰티산업과 중국 각 도시 간 교류를 추진하기로 하였다.

또 인-차이나 포럼 구성에 속도를 내며 인천과 중국 간 전문가, 워킹그룹 등 2체제를 이뤄지게 하였다. 중국 유학생 유치 및 지원, 차이나 비즈니스 스쿨 운영, 중국 전문가 인력풀 및 자문단 구성, 중국인 인천명예시민 위촉 확대, 대학 간 교류 활성화, 자매우호도시 공무원 상호 파견, 인문교류 확대, 인-중 초·중·고교 자매결연 확대 등도

'인-차이나 프로젝트'의 중요한 어젠다 이다.

[교육정책]은 인천의 인재가 인천을 위해서 일하도록 정책기반을 마련하고 지원하는 정책이다.

글로벌 인재육성 등 5대 분야 14개 과제를 추진하면서 안전한 학교를 만들고, 학습환경을 개선해 학생 개개인의 불편함을 덜어 주고, 학생들의 흥미와 적성을 살린 수요자 맞춤형 교육프로그램을 지원해 인천인재 유출을 막아 인천의 가치를 높이고 나아가 인천발전을 이룩해 나가는 정책을 추진하였다.

그리고 수년간 정치권에서 주요 쟁점으로 지속돼 오면서 해결의 실마리를 찾지 못하고 있던 무상급식 논란에 종지부를 찍었다. 학생과 학부모 역시 300만 인천 시민이고 아이들 교육은 우리의 미래인 만큼 이 보다 더 중요한 과제는 없음을 강조하며 시의회와 교육청을 설득해 인천시가 전국에서 최초로 어린이집부터 고등학교까지 무상급식을 하게 만들었다.

4. 끊임없는 신규정책 발굴

다양한 신규 정책과 제도 추진을 통해 시정 성과는 나날이 달라지고 있다. 인천시민의 행복 지수는 그만큼 높아지고 있다고 생각한다. 이는 시민, 공직자, 시민사회단체들과의 끊임없는 소통의 산물이다.

민선6기 시장으로 취임하고 공직자에게 관행과 타성에서 벗어나 끊임없이 업무를 혁신하는 창의력을 발휘해야 함을 누누이 강조해 왔다. 계속 연구하면서 신규 정책이나 제도를 발굴해 가는 과정의 연속이 바로 인천시 행정이 되었다. 민선6기 새로 발굴한 정책이나 제도가 2017년 말까지 130여 건에 이르는데 대표적인 정책 또는 제도를 소개해 보면 다음과 같다.

우선, 시민과의 소통 강화를 통한 시민 중심 행정을 위해 '소통담당관실'을 두고 '시민소통위원회'를 발족시켰으며, '시민행복정책자문

단·홍보단'을 구성하여 각계각층의 시민을 시정에 참여시켰다. 시민 다수가 참여하는 '애인토론회'를 정례화하였고, 전국 최초로 보수·진보를 초월한 소통 채널인 '시민사회소통네트워크'를 구성하여 운영하였다.

또한 시정 성과를 내기 위해서는 우선 공직 내부의 조직문화 개선이 중요하다고 생각하여 근무환경 개선과 공무원 사기 진작에 주력해 왔다. 시청 중앙홀과 회의실, 구내식당, 체력단련실 등의 환경을 개선하고, 장기재직 휴가 확대, 공무원 출산휴가 포인트 지급, 직원 마음건강 상담센터 운영, 직원 생일 축하 메시지 및 케이크 지급 외에도 시장배 실·국 대항 탁구, 족구, 볼링대회 개최를 통해 활력 넘치는 조직문화를 만들어 갔다.

더 중요한 것은 일하는 공직 풍토 조성인데, 이를 위해 톡톡 아이디어 워크숍과 시정 혁신 공감 경연대회를 개최하고, 인사 포인트 제도 운영과 이달의 우수공무원 선발, '인천의 꿈 실현상' 시행 외에도 공무원 정년퇴임식과 부모와 함께 하는 신규 공무원 임용식을 새롭게 추진하면서 공직의 참 뜻을 살려나가도록 하였다.

이렇게 일하는 분위를 조성한 결과, 재정건전화와 각종 시정 현안 해결이라는 큰 과제들을 성공적으로 완성시켰을 뿐만 아니라 각 부문별로 놀라운 성과를 내어 지난 3년 반 동안 중앙정부 등 각종 대외적인 평가에서 무려 145개의 표창 등을 수상하였다. 이는 민선5기 68개의 2배가 넘는 수상기록을 보여주었고, 시청홀에 마련된 상상(賞賞) 갤러리에는 넘쳐난 표창들을 게시조차 할 수 없는 정도가 되었다.

그 외 분야별 시정 혁신 사례를 들어보면, 가치재창조 분야에서는 7대 분야에 걸친 인천인물 5만여 명 발굴, 인천의 노래 선정, 인천인

대상 시상, 명장의 전당 설치, 한국 최초·최고 100선 상징 아이콘 개발 등의 신규 사업을 추진하였다.

보건복지 분야에서는 SOS 복지안전벨트를 비롯하여 장애인 국민체육센터 개관, 점자도서관 개관, 자활생산품 판매 홍보관 '꿈이든' 개관, 장애인 권익 옹호기관 개소 외에 장애인 자세유지기구 보급, 장애인 공감여행 정책 등 전국 최초 또는 최고의 정책을 추진하면서 공감복지를 위해 노력했다.

여성가족 분야에서도 신인 여성 등 여성 전문 인력 3천명을 발굴하여 등록시키면서 전국 최초로 180여개 모든 위원회에 여성 40%를 위촉하는 결과를 가져올 수 있었다. 그 외 여성·아동 안심마을 조성과 무인 여성 안심택배서비스, 실버택배사업 추진, 초등학교 학생 하교길 길동무 사업 추진과 우리마을 아동지킴이를 운영하고 2018년부터는 어린이들에게 생존수영도 가르치는 새로운 사업들을 추진하였다.

경제산업 분야에서는 청년취업을 위한 '청사진' 사업을 목표로 창업 재기 펀드조성, 청년유유기지 및 Jobs 인천개소, 인천글로벌 스타트업 캠퍼스 조성 등 취·창업 신규 정책을 펴면서 전국 최초로 경제분야 공공기관 통합과 IFEZ 3차원 공간정보 서비스, 송도 국제업무단지 LEED-ND 인증도 이뤄냈다.

안전·소방 분야에서도 재난 대비 스마트 안전관리시스템 구축과 재난안전 통합 대응체제 예·경보 시스템 등을 구축했고, 교육 분야에

서는 중학교와 고등학교 전 과정 무상급식 시행과 북부교육문화센터 개관 외에 인재육성재단 기금을 98억원에서 351억원 규모로 확대하고 다양한 인재육성 사업을 추진하였다.

문화관광 분야에서는 인천문화포럼, 청년문화포럼을 구성하여 운영하고 있으며, 인천생활문화센터 설치, 틈 문화 창작지대 운영, 문학산 상음악회 개최 외에도 I(섬) Food프로젝트, MICE 산업 친환경도시 국제인증 등의 신규사업을 추진하였다.

교통 분야에서는 인천도시철도망 구축계획 수립과 버스노선 전면 개편, CCTV 주차단속, 사전문자 안내서비스 등의 신규 사업을 추진하였다. 도시건설 분야에서도 관리비 혁신 TF를 운영하고 찾아가는 공동주택 민원상담실 운영과 마을주택관리소 운영, 우리 아파트 생생방송장비 지원사업 등을 추진하였다.

환경 분야에서는 인천 녹색종주길 조성과 3천만 그루 나무 심기를 추진하고, 인천대공원에는 시각장애인 등산로 개설과 목재 문화 체험장 개장 등의 신규 사업을 추진했다. 해양·항공·분야에서는 전국 최초로 드론 활용 공공서비스 지원사업을 추진하고 수산 공간정보 시스템도 마련했다.

기타 행정·재정 분야에서도 '재정기획관'과 '중국협력관'을 신설했으며, 인천비전 2050을 수립하고 클라우드 GIS 포털 운영과 시민맞춤형 시정정보 MMS 서비스 제공 외에 과태료, 자동차세 체납차량 정보공유 시스템 개발 등 다양한 신규 정책을 추진하였다.

지방자치 역사 견인

1. 지방자치 부활의 산파역

3년 3개월이라는 군 복무를 마치고 1984년 9월 30일 강원도청으로 복직하였다. 그리고 기획관실, 강원도 공무원교육원 교관, 강원도청 계장을 거쳐 1987년 4월, 내무부 지방자치기획단으로 파견 명령을 받았다. 드디어 내무부에 본격적인 첫 발을 내 딛은 것이다.

지방자치기획단에서 나는 세계 각국의 지방자치제도와 운영실태 등을 참고하여 올바른 지방자치법을 만들려고 심혈을 기울였다. 현재의 지방자치법은 이때 만들어 1988년 새 법을 공포하여 시행하게 된 것이다.

직접 현재의 지방자치법이 제정되도록 한 당사자인 내가 바로 그 법을 통해 1995년 첫 번째 민선단체장인 민선 1기 군수가 될 줄은 꿈에도 생각하지 못했다. 그러나 지금 생각해 보면 그때의 일과 경험이 있었기에 전국 어느 자치단체장 보다 지방자치를 올바로 이해하고 통찰 할 수 있어 제대로 시정을 펼칠 수 있었다고 생각한다.

한편, 나는 내무부 근무기간에도 강원도청에 근무할 때부터 다녔던 서울대학교 행정대학원에 다니면서 행정학 석사학위를 받았는데 논문 제목도 '지방자치단체장의 직선제에 따른 과제와 대응에 관한 연구' 였다.

2. 전국 시장·군·구청장협의회와 시·도지사 협의회 주도

전국 232개 시장·군수·구청장들의 모임인 전국 시장·군수·구청장협의회가 1996년 태동 되었으나 정식 단체등록을 하지 못하고 임의 단체로 남아 있었다.

2000년 3월 17일, 서울 워커힐호텔에서 열린 전국 시장·군수·구청장협의회 연차 회의에서 개정된 지방자치법을 근거로 정식 단체등록을 추진하기로 하고 당시 김포시장이었던 내가 사무총장으로 선임되었으며, 그해에 법정단체 등록과 함께 사무소를 개설하였다.

또한 1999년 1월 지방자치법 165조에 근거하여 설립된 대한민국 시도지사협의회는 시·도 상호간의 교류와 협력을 증진하고, 지방자치단체의 공동문제를 협의하며, 지방자치단체의 국제화 관련 업무를 지원함으로써 지역사회의 균형발전과 지방자치의 건전한 육성에 기여함을 목적으로 다양한 사업을 전개하고 있다.

나는 2015년 10월부터 제9대 대한민국 시도지사협의회장을 맡아 지방분권 협력체계 구축방향 모색을 위한 정책간담회를 개최하는 등 지방자치 발전에 전력을 다하였으며, '한중지사성장회의'를 첫 번째로 개최하는 등 지방의 세계화에도 많은 노력을 기울여 왔다.

3. 지방자치의 날 기념식, 지방자치 박람회 개최

지방자치는 1952년 처음 시행된 이래 1961년 중단되었다가 1991년 부활하여 1995년 5월 지방자치단체장(광역, 기초)과 지방의회 의원(광역, 기초)을 동시에 뽑는 4대 지방선거가 실시됨으로써, 완전한 민선 자치시대가 다시 막을 열었다.

이를 기념하여 2012년 10월 22일 개정된 '각종 기념일 등에 관한 규정'에 의해 2012년 10월 29일을 '지방자치의 날'로 제정했는데, 이날은 지방자치 부활을 위한 헌법개정일인 1987년 10월 29일을 기념하는 것이다.

나는 안전행정부 장관으로 재임하면서 전국 지방자치에 대한 관심을 높이고 성과를 공유하기 위하여 제1회 지방자치의 날 기념식을 2013년 10월 29일 처음으로 개최하였다.

또한 지방자치의 날을 맞아 지방자치단체와 중앙부처가 협업을 통해 지방의 우수 정책, 우수 향토자원 등을 공유·발전시키고 지방자치에 대한 국민적 관심과 성과를 공유할 수 있는 화합과 소통의 장을 마련하고자 제1회 지방자치박람회를 2013년 10월 28일부터 10월 30일까지 안전행정부 주관으로 서울에서 처음으로 개최하였다.

지방자치박람회는 안전행정부와 시·도가 주관하여 매년 전국을 순회하면서 지방자치의 의미와 역사에 대한 재조명과 함께 풍성해진 먹거리, 살거리, 즐길거리 등의 홍보·판매를 통하여 주민과 함께하는 지방자치 축제의 장으로 펼쳐지고 있다.

4. 농업인의 날 제정

김포군수 재임시절 지자체 최초로 TV를 통해 쌀 광고를 했고, 농산물 품질 인증제 도입, 그리고 농업인의 날을 최초로 제정하기도 하였다. 농업이 국민 경제의 바탕임을 국민에게 인식시키고 농업인의 자부심을 키우며 그 노고를 위로하기 위하여 제정한 날이다. 1996년 전국 지방자치단체 가운데 최초로 '농업인의 날(11월 11일)'을 제정한 것이다.

그 후 2010년 농림수산식품부 장관 재임시 농업인의 날을 법정기념일(11월 11일)로 제정하였다.

'농업인의 날'은 우리 농업과 농업인의 소중함을 돌아보는 날로 농민들의 긍지와 자부심을 고취시키고 농업의 중요성을 알리고자 하는 취지의 법정기념일이다. 농업인의 날의 유래와 의미, 농업의 역사 등을 알아보고, 현대사회에서 농업인의 중요성을 새겨보는데 의의가 있다.

그렇다면 농업인의 날은 왜 11월 11일일까? 해당 날짜로 정해진 데에는 삼토(三土)에 철학적 기반을 두고 있다. "흙에서 태어나, 흙과 더불어 살다가 흙으로 돌아간다"라는 흙과의 숙명론과 흙 토(土)자가 열십(十)자 + 한일(一)가 합해진 글자 이기에 11이라는 숫자에 의미를 둔 것이다.

세계를 무대로

1. 2014 인천아시아경기대회·2014 인천장애인아시아경기대회

45개 회원국이 참가한 2014 인천아시아경기대회를 '안전하고 성공적인 대회'로 개최하였다. 2014 인천아시아경기대회(9월 19일~10월 4일)와 장애인아시아경기대회(10월 18일~10월 24일)는 인천의 도시브랜드 가치를 높이고 전세계의 시선을 인천으로 집중시킨 대회였다.

특히, 2014 인천아시아경기대회는 북한 등 OCA 45개 회원국 전체

3만여 명이 참가한 '퍼펙트 대회'로 풍성한 기록들과 함께 10월 4일 폐회식에는 북한 최고위급인사들이 참여하는 완벽한 안전대회로 치러졌다.

또한 '열정의 물결, 이제 시작이다!' 라는 슬로건으로 아시아 42개국, 6천여 명의 선수단과 임원이 참가한 가운데 펼쳐진 2014 인천장애인아시아 경기대회는 "불가능이 우리를 이끈다"는 메시지를 통해 전세계에 희망과 감동을 선사했다.

2. 2015 세계교육 포럼

교육분야 최대 규모의 국제행사로서 15년마다 개최된 '2015 세계교육 포럼'을 2015년 9월 1일 송도 컨벤시아에서 개최하였다.

'국제사회 미래 교육의 제와 목표설정'을 목표로 개최된 이 행사는 반기문 유엔사무총장, 김용 세계은행총재, 7개의 국제기구 대표와 100여개국의 장·차관을 포함한 정부대표단, 시민단체 등 1,500여명이 참석한 역대 최대규모의 대회로서 '모두를 위한 교육' 이라는 인천선언문을 채택하였다.

3. 2015 프레지던츠컵 대회

월드컵에 버금가는 빅이벤트인 '2015 프레지던츠컵 대회'를 2015년 10월 6일부터 10월 11일까지 6일간 송도국제도시 송도 잭니클라우스 골프클럽에서 개최하였다.

아시아 최초로 인천에서 개최된 이 대회에는 대회 명예 의장인 박근혜 대통령과 조지 W, 부시 전미국 대통령 등이 참석한 가운데 227개 국가에서 10억이 넘는 가구에 30개 언어로 중계되어 세계적으로 인천을 알리는 행사가 되었다.

4. FAO 아태지역총회 개최 및 총회의장 선출

2010년 9월 27일부터 10월 1일 까지 경주에서 아시아태평양지역 44개국이 참석한 가운데 FAO 즉, '유엔 식량 농업기구' 제30차 회의가 개최되었다.

FAO는 1945년 유엔에서 가장 먼저 발족된 국제기구로서 세계 각국의 영양과 생활수준 향상, 식량과 농산물의 생산·분배 등을 주 업무로 하고 있는 데 나는 농림수산식품부 장관으로 FAO 아태지역총회에 참석해 개회사를 하였고 이 자리에서 'FAO 아태지역총회 의장'에 선출되는 영광을 안게 되었다.

5. 보아오포럼 한국대표로 참가

아시아 국가간의 협력을 통해 경제발전을 도모하고자 2001년 26개 회원국이 참여하여 설립된 보아오포럼은 그동안 세계정상, 주요 석학 등이 참석하는 세계적인 포럼이다.

2017년 5월 23일부터 5월 26일까지 중국 하이난섬에서 개막된 보아오포럼에 국내 공직자로서는 유일하게 초청되어 '도시의 개성' 세션에 참석하였으며, 이 행사에 참석한 주요 인사들과 폭 넓은 교류의 장을 펼쳤다.

6. 제1회 한·중 지사·성장 회의 및 제5회 한·일 지사회의

한·중 자유무역협정(FTA) 서명 1주년을 맞아 '인-차이나프로젝트'의 일환으로 양국 지방정부간 경제·문화교류 활성화를 위해 한·중 광역 단체장들의 모임인 제1회 한·중지사 성장회의를 2016년 6월 8일 송도국제도시에서 개최하였다.

이날 회의에 한국과 중국의 단체장들이 참석하였으며, 양국단체장은 경제분야 교류 확대와 민간 교류지원, 각종 교류행사 적극 참여 등의 내용을 담은 공동선언문을 채택하였다.

한·일 지방자치단체간 교류를 통한 지방자치발전 및 상호 이해와 친선을 도모하기 위해 2015년 1월 30일 일본 도쿄에서 열린 제5회

한·일지사 회의에 참석하였다.

이날 열린 한·일 지사회의는 '지역경제·관광·문화 교류활성화'를 주제로 양국 시·도지사들의 각 분야별 주제발표와 함께 열띤 토론으로 진행됐다. 나는 문화분야 발제자로 나서 한·일 문화교류활성화를 위한 방안으로 지역간, 지방간 경계를 초월한 다양한 분야로의 교류확대 등을 제안했다.

7. UN 거버넌스센터 유치

유엔 사무국 산하의 국제기구인 '유엔 거버넌스 센터'는 2006년 설립되어 정부혁신과 지방분권, 시민사회와의 협력을 바탕으로 유엔 회원국의 역량개발은 물론 세계인의 삶의 질 향상을 목표로 두고 있다.

그동안 센터는 서울에 있었으나, 2016년 6월 2일 뉴욕 UN 본부에서 인천시와 행정자치부, 유엔 3자간 'UN 거버넌스 센터 운영에 관한 약정'을 체결하고, 2017년 12월 1일 국제기구가 집적되어 있는 송도국제도시 G타워로 이전하여 개소하였다.

8. 미국 국제자매도시연합(SCI) 연차총회 아시아 대표시장 연설

〈사진 : SCI총회에서 연설하는 필자〉

2001년 7월말에 열린 미국 국제자매도시연합(SCI, Sister Cities International) 연차총회에 우리나라 지방자치단체의 대표로 선임되어 '지방화, 세계화 시대에서의 한국 지방자치단체의 역할과 과제'를 주제로 연설하였다.

우리나라 지방자치 현실을 진지하게 분석하고 각 자치단체의 국제 도시간 자매결연 현황을 소개한 후 앞으로 우리나라 자치단체의 국제 도시간 자매결연을 통해 이데올로기적 대립을 해소하고 통일을 앞당기기 위해 기여하여야 하며, 이를 위한 SCI와 세계 각 지방자치단체의 적극적인 관심과 지원을 부탁했다.

9. 영국 케임브리지대학 특강

유엔기후변화협약 당사국총회 참석을 위해 유럽 출장 중인 2015년 11월 7일 영국 케임브리지대 트리니티홀에서 '한국의 어제, 오늘 그리고 내일'이라는 주제로 강연했다.

이 강연에서 나는 1950년 한국전쟁 후 1960년 초 한국의 1인당

GDP는 90불 정도로 세계 최빈국 중 하나였던 한국이 1인당 국민소득 2만달러 이상, 인구 5천만명 이상 국가인 '20-50 클럽'에 세계 7번째로 가입할 만큼 눈부신 경제성장을 이룬 과정을 설명했고, 한국의 교육열과 교육시스템, 정부의 경제정책을 소개하며 한국의 경제성장 전진기지로서의 인천의 역할을 강조했다.

이날 강연에 앞서 케임브리지대 나노과학센터장인 마크 웰랜드 교수를 만나 송도에 있는 인천글로벌캠퍼스에 케임브리지대 나노과학센터 분원을 설립하는 방안을 협의하였다.

〈사진 : 케임브리지대학에서 특강하는 필자〉

10. 미국 템플(Temple)대학 주관 지방자치 연수 및 조지워싱턴대학 비지팅 스칼러 (Visiting Scholar)

1998년에는 미국 국무성초청으로 템플(Temple)대학 주관으로 열린 지방자치 관련 세미나와 컨퍼런스를 내용으로 하는 연수프로그램에 참여하여 미국의 워싱턴D.C, 필라델피아, 시카고 등 주요도시를 돌며 미국의 저명한 학자와 정치인, 관료 등을 만나 다양한 정보교환과 대화를 나누었다.

또한 2018년 11월부디 2019년 7월말까지 더 넓은 시야로 세상을 공부하고자 미국 조지워싱턴대학의 초청을 받아 '비지팅 스칼러(Visiting Scholar)'로 연구활동을 하였다.

미국 수도 워싱턴 DC에 있는 조지워싱턴대학에서 그동안 바쁜 공직 생활을 하면서 할 수 없었던 한국과 미국의 정치, 지방자치 제도 연구 등 다양한 경험과 만남을 통해 많은 것을 배우면서 의미 있는 시간을 보냈었다

11. 품격있는 국제 외교 경험

우리는 흔히 대인관계에서 첫 인상, 언어, 예의범절이 중요하다고 말한다. 그 중 예의 범절은 개인은 개인대로의 가풍이 있고, 나라와 민족마다의 예절이 있으며, 동양과 서양의 차별성이 있다.

글로벌 시대에 이러한 동서양의 철학과 풍속을 기반으로 한 예절의 습득은 지도자로서 갖추어야 할 덕목 중의 하나가 되고 있다.

나는 국회의원, 장관, 인천시장 등 재직시 미국 오바마 대통령을 비롯한 중국의 후진타오 주석, 일본 고이즈미 총리, 미얀마, 몽골, 우즈베키스탄, 대만 등 여러 나라의 국가 정상을 만나 지도자의 리더쉽을 배우고 소통하는 소중한 기회도 있었다.

〈사진 : 미국 워싱톤에서 브룩스 전 연합사 사령관과 만찬 모습〉

What 유정복은 무엇을 하였고 앞으로 무엇을 할것인가? | 135

기록 제조기

1. 최연소

공직생활을 해오면서 가는 곳마다 최연소라는 수식어를 붙이고 생활한 것은 우선 공직에 일찍 발을 들여 놓았기 때문이다. 22세에 행정고시에 합격하여 공직에 입문한 이래 도청과 내무부에 근무할 때부터 그 기관에서 최연소 사무관이었다.

(전국 최연소 국장) 내무부 근무를 마치고 1993년 3월 경기도 기획관으로 발령을 받았는데 이는 전국 최연소 국장이 되는 순간이었다.

(전국 최연소 군수) 1994년 1월 김포군수로 발령을 받고 보니 전국 최연소 군수였다. 만36세의 나이로 군수에 보직되어 군정을 수행하려니 여러 가지 어려움도 있었지만 반면 유리한 점도 많이 있었다.

(전국 최연소 구청장) 1년 3개월여의 관선 군수를 마치고 인천 서구청장으로 발령 받았는데 이때는 전국 최연소 구청장이었다.

(전국 최연소 시장) 민선 지방자치가 실시되면서 최연소 군수를 면했지만 1998년 4월 김포군이 시로 승격되면서 또 다시 전국 최연소 시장이 되었다.

물론 최연소라는 수식어가 중요한 것은 아니다. 정작 중요한 것은 얼마나 시민을 위해 많은 일을 하고 시민들이 만족해하는 시정을 펴는가에 있다. 그러나 개인적으로 이러한 '최연소' 수식어는 큰 영광이 아닐 수 없다. 특히 최연소 시장·군수·구청장을 모두 해보았으니 이러한 기록은 아마 전무후무한 기록이 될 것이다.

2. 초대(初代), 최초(最初)

최연소 기록을 갖고 있을 뿐만 아니라 초대(初代)라는 기록도 꽤 가지고 있다. '초대'는 어떤 분야에서 최초의 사람 또는 그 사람의 시대라는 사전적 의미를 가진 수식어인데 나의 인생에서 커다란 영광이요 보람이 아닐 수 없다. '초대'는 곧 새로운 역사의 시작을 의미하기에 영원히 기억되고 남는 이름이기 때문이다.

아마 나는 '초(初)' 자와 인연이 깊은 듯하다. 초등학교를 졸업하고 중학교에 입학할 때부터 중학 입시가 사라졌으니 '초대 무시험 세대'이고 군에 입대할 때는 학사장교 1기로 임관하였으니 이 역시 또 '초대 학사장교'인 셈이다.

또한, 우리나라 지방자치사에 있어서도 제2공화국 당시 도지사, 시장, 읍·면장은 선거로 뽑은 적이 있었으나 군수는 지난 1995년이 처음이었으니 나는 초대 민선군수의 영광을 안은 것이다.

뿐만 아니라 김포군이 시(市)승격으로 초대 민선군수에서 '초대 시장'

이 되었고, 이후 1998년 실시된 첫 민선시장 선거에서 당선되어 '첫 민선 김포시장'이 되기도 하였다. 또한 전국시장·군수·구청장협의회가 법정단체로 정식 등록된 후 공동회장을 겸한 '초대 사무총장'을 역임했으니 실로 이 또한 나만이 가질 수 있는 기록이라고 생각한다. 나는 인천광역시장이 되었을 때도 최초의 인천 출신, 최초의 장관 출신, 최초의 인천에서 초·중·고를 졸업한 시장으로 기록되기도 했다.

이와 함께 민선자치단체장에 당선된 이후 지방자치에 걸맞는 새로운 경영행정 기법을 도입하여 타자치단체와 차별화를 도모해 왔다. 나부터 혁신적인 아이디어를 지속적으로 제시하고, 직원들도 계속 연구하면서 신규정책이나 제도를 발굴해가는 과정의 행정 수행을 강조해 왔다. 군수·시장·광역시장으로 일하면서 전국 최초로 추진했던 시책과 사업들은 상당히 많지만 몇 가지 중요한 사항만을 정리해 본다.

◎ 인천광역시 근무 시절 최초 시책

- 인천168개 보물섬 프로젝트 추진
- 인천내항 재개발사업 본격 추진(마스터플랜 수립)
- 인천발 KTX 사업 제안 추진
- 경인고속도로 일반화 확정 추진
- 국립세계문자박물관 건립 추진
- 국립인천해양박문관 건립 추진
- 인천가치재창조 시책 추진

- 전국 시도향우회연합회, 고교동문연합회 출범
- 문학산 정상 50년만에 첫 시민 개방
- 올해의 '인천인 대상' 시상 제도 도입
- 영종도 복합리조트 3개 유치
- 시민소통위원회 발족, '시민행복정책자문단·홍보단' 구성

◎ 장관(국회의원) 근무시절 최초 시책

- 지방자치의 날 법정 기념일 제정 (행정안전부)
- 전국 농업인의 날 법정 기념일 제정 (농림수산식품부)
- 구제역 백신 접종 (농림수산식품부)
- ISO 국회의원

◎ 김포군(시) 근무 시절 최초 시책

- 전국 최초 인·허가민원 전담처리 부서인 '허가과' 설치 (1998년)
- 전국 최초 TV 쌀 광고
- 전국 최초 지역종합정보지 '열린마당' 발간
- 전국 최초 농업인의 날 제정 선포 (1995년)
- 전국 최초 '김포 새마을회' 독립법인 설립
- 군 단위 최초 공영개발사업소 설치, 도시경관이미지형성사업(CI) 등

3. 창조적 언어로 조직문화 리드

창조적인 말 한마디를 통해 조직이나 사회의 자화상을 바꿀 수 있다고 생각한다. 많은 자치단체나 기업에서 창조적 슬로건을 정해 사용하고 있다. 사실 이러한 슬로건을 보면 그 단체나 기관, 기업이 보인다고 한다. 나는 중앙과 지방에서 근무하면서 해당 기관에 필요한 슬로건 등 창조적 언어를 만들어 사용는 방식으로 조직문화를 리드하여 왔다.

민선6기 인천시정 비전은 '인천의 꿈 대한민국의 미래로', 김포시에서는 '내사랑 김포', 국민생활체육회장으로 일할 때는 '운동은 밥이다' 등 창조적 언어를 찾아서 적극 활용하였다. 인천의 정체성을 확립하고 인천인의 화합을 도모하기 위해 '우리는 인천, 우리는 애인'을 공표하고 각종 행사에서 슬로건으로 활용하도록 했고 회식 자리에서는 건배 구호로 자연스럽게 사용하도록 유도해 나갔다. 또한 제2경제도시로 부상한다는 의미를 담은 '서인부대'를 선언하였다. 이러한 결과는 인천인을 하나로 모으고 인천의 발전을 위한 힘을 결집하는 효과가 분명히 있었다고 본다.

특히, 인천의 새로운 도시브랜드 'all ways INCHEON'은 남다른 의미가 있다.

민선6기에 와서 그동안 사용되던 인천의 도시브랜드 '플라이 인천'을 대체할 새 CI를 공모했다. 이유는 '플라이 인천'이 인천국제공항을 떠올리는 것 외에 지역의 전반적인 특성을 담지 못하기 때문이다.

따라서 민선6기 시정부에서는 전문가 50명, 시민 300명이 참여하는 브랜드개발추진위원회 구성 등 다양한 시민적 의견을 수렴하는 과정을 거쳐서 'all ways INCHEON'을 새로운 CI로 결정하였다.

대한민국 최초의 이야기는 인천에서 시작되었다. 대한민국 최초가 되고, 인천 최고를 의미하는 'First Ever'는 인천 도시브랜드의 핵심 가치이다. 'First Ever'는 대한민국의 시작을 열고, 새롭게 도전하는 역동적인 인천의 정신이며, 오늘의 대한민국을 있게 한 힘을 의미한다.

'all ways INCHEON'은 하늘(공항), 바다(항만)의 모든 길이 인천으로 통한다는 지정학적인 측면은 물론, 과거(강화 개국 신화와 개항창조도시), 현재, 미래(국제도시, 첨단도시)를 포용하는 공간적 개념에 또한, 대한민국의 길을 열고, 세상의 길을 잇고, 너와 나의 길이 되는 인천으로 이는 '모든 길은 인천으로 통한다' 라는 의미를 담고 있다. 인천광역시의 현재와 지향점을 나타내며, 도시 브랜드가 전하는 메시지와 가치를 효과적으로 이해시키는 기능을 가진다.

그리고 인천이 대한민국 제2의 경제도시로 발전하는 의미를 담아서 '서인부대'를 선언하였다.

2018년 우리 인천광역시가 부산을 앞질러 대한민국의 2대 도시로 거듭났다. 인천의 지역내 총생산액 증가율 등 주요 경제지표에서 이미 대구를 능가했고, 부산을 넘어섰다. 통계청 자료에 따른 2017년 인천의 지역내총생산액(GRDP)은 84조 590억원, 부산은 83조 2,990

억원으로 나타났다. 서울에 이어 대한민국의 2대 도시로 자리매김하는 원년이 된 것이다. 이러한 의미를 담아서 서인부대를 선포하였다. '서인부대'는 서울, 인천, 부산, 대구의 머리 글자를 딴 것으로 인천이 서울 다음의 도시라는 의미를 담고 있다.

현재 인천이 다시 경제규모 3위로 내려 앉았다는 얘기를 들으며 안타깝기만 하다.

민선6기 주요사업 성과 연보

2018 부채도시의 오명을 벗어나 재정 정상단체로 전환
서인부대 선언 (제2의 경제도시로 부상)

2017 2017. 국립해양박물관 유치
영종 파라다이스 시티 개소
거첨~약암간 도로확장 및 개설 합의
제3연륙교 국토부와 극적인 사업 추진 합의
지하철 7호선 연결
보아오포럼 한국대표로 참여
UN 거버넌스센터 유치
강화 국립문화재연구소 개소
검단신도시 착공
고용노동부 5년 연속 '일자리우수기관' 선정
장애인체육센터 개관
'문화포럼' 출범, 문화도시종합발전계획 수립
300만 인천시대, '시민행복비전' 선포
스테츠칩팩 코리아 반도체 공장 준공
영종 미단시티LOCZ 복합리조트 착공
오쿠마코리아(주) CNC공작기계 훈련센터 건립 유치

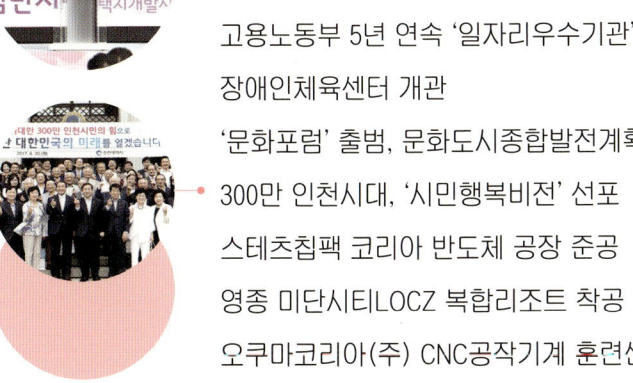

민선6기 주요사업 성과 연보

2017
㈜아다마다코리아 금속가공기계 테크니컬센터 건립 유치
보물섬프로젝트 섬 관광객 100만명 돌파
인천항 컨테이너물동량 300만TEU 돌파
2017 인천세계수의사대회 개최
시각장애인 점자도서관 개관
인천복지재단 조례 제정 및 출범

2016
2016. all ways INCHEON. CI 선정
인천가치재창조 비전 선포
인차이나 프로젝트 추진
7대 주권시대 선언
메르스 사태해결, 청정지역 유지
안전도시 세계1위 인천 선정 (넘베오)
인천발 KTX 초고속 추진
인천도시철도 2호선 개통
수인선 개통
인천국제공항철도 영종역 개통
인천공항 자기부상열차 개통
42년만에 시민위주 버스노선 전면개편
2025 인천도시재생전략계획 확정
전국 최초 광역형 고용복지+센터 개관
발달장애인 지원센터 개관

2016

굴포천 국가하천으로 승격
인천 내항 1·8부두 항만재개발사업 기본협약 체결
제1회 한·중지사·성장 회의 개최
단체관광객 최대규모, 중국 아오란그룹 6천명 유치
- 최대 치맥파티

인차이나 포럼 출범

MICE산업 친환경도시 국제인증 획득
금융감독원 인천지원 개원
인천보훈병원 기공
인천가정법원 개원
인천 녹색종주길 조성사업(10개 노선 60㎞) 착수
대동도어(주) 자동차 부품제조 및 연구시설 유치
㈜유진로봇 지능형로봇 제조 및 서비스시설 유치
㈜오스템글로벌 제약 및 치과의료기기
- 제조·연구시설 유치
송도SHC(주) 송도전문병원 복합단지 유치
인천가치재창조 범시민 네트워크 출범
영종도 복합리조트 인스파이어IR 선정
인천신항 A컨테이너 터미널 부분 개장
인천신항 경쟁력 확보를 위한 항로 중심
보잉 항공운항훈련센터 준공
대한항공, 세계 최대 항공엔진테스트 시설 완공

민선6기 주요사업 성과 연보

2016 강화군 '2018년 올해의 관광도시' 선정
인천형 복지모델 4개분야 신설·확대
인천 '온실가스 감축' 원년의 해 선포
국가 철새연구센터 착공

시민소통위원회 발족
시민행복정책 자문단 출범
시민사회소통네트워크 구성

2015 루원시티 사업 본격 착수
제5회 한·일지사 회의 개최
영국 캠브리지대학교 특강
2015 세계교육 포럼 개최
프레지던츠컵 대회 개최
전국 시·도지사협의회장에 피선
문학산 정상 50년만에 시민에게 개방
69일간 메르스 청정지역 유지한 채 메르스 사태 종결

경인고속도로 일반화 합의, 이관협약 체결
국립세계문자박물관 유치
미쓰비시전기(엘리베이터)한국 제조시설 및
– 글로벌 R&D센터 유치
올림푸스한국 의료트레이닝센터 유치
인천관광공사 출범

2015

- '창작의 보물창고' 틈문화창작지대 개관
- 인천병무지청 개청
- 인천인 교류 활성화 지원조례 제정
- 제1회 인천을 빛낸 '올해의 인천인 대상' 선정
- 전국 1호 뉴스테이사업 유치 및 착공
- 인천창조경제혁신센터 개소
- 미래 인천먹거리, 8대 전략산업 중장기육성방안 수립
- 삼성바이오로직스 3공장 기공
- 인천신항 B컨테이너 터미널 부분 개장
- 인천공항 항공정비예정부지개발 전략수립 용역 착수
- JSA 저비용항공사 전용 정비고 착공

2014

- 2014 인천아시아경기대회 개최
- 2014 인천장애인아시아경기대회 개최
- 수도권매립지 4자협약 체결,
  - 매립지 종료를 위한 인천주도권 확보
- 하나아이엔에스(미국 DPR사) 청라국제도시 내
  - 하나금융타운조성 유치
- 헬러만타이툰(유) 자동차부품 제조시설 유치
- 삼성바이오에피스 바이오의약품 연구개발 및
  - 판매시설 유치
- 파라다이스세가사미(주) 한국형복합리조트

what

**유정복은 무엇을 하였고
앞으로 무엇을 할 것인가?**

앞으로 유정복은 무엇을 할 것인가?

- 그랜드 비전(Grand Vision)
  - 대한민국을 넘어 글로벌 중심 도시
    1. 가칭)뉴홍콩시티 건설 (영종·강화 중심) / 153
    2. UN본부 유치 / 156
    3. 한~중해저터널 건설 / 157
- 지방자치와 정치발전 비전
    1. 지방행정체제 획기적 개편 / 160
    2. 지방선거제도, 공천제도 혁신 / 162
- 인천의 현안 해결 비전
    1. 4차 산업혁명시대 경쟁력 있는 도시 / 164
       - 세계 최고의 허브공항 위상에 걸맞는 항공산업 육성, 공항경제권 활성화 / 165
       - 인천의 보물 항만·해안·섬을 시민과 함께 즐길 수 있도록 정비 / 165
       - 인천경제자유구역 활성화를 통해 대한민국 미래먹거리 확보 / 166
    2. 모든 길은 인천으로 연결되는 편리한 도시 / 167
       - 단절된 인천을 하나로 연결하여 상생발전 도모 / 168

- 어디서나 사통팔달, 철도·도로망 구축 / 168
- 수요자 중심으로 대중교통을 편리하게 이용 / 170

3. 주민이 직접 참여하는 도시재생 추진 / 170
   - 인천의 근대화를 연 인천항 주변을 원도심의 미래로 재탄생 / 171
   - 살기 좋고 정감있는 원도심으로 조성 / 171
   - 원도심 활성화를 위해 거점시설을 정비하고 유치 / 173

4. 일하기 좋은 경제도시 / 174
   - 경영환경 변화와 사회적 요구에 대응할 수 있도록 인프라 확충 / 174
   - 중소기업, 소상공인에게 다양한 재정지원 확대 / 175
   - 청년과 여성에게 공정한 기회와 희망 만들기 / 176

5. 쾌적한 녹색문화가 있는 도시 / 178
   - 폐기물처리 개선과 깨끗한 먹는 물 공급 / 179
   - 문화, 관광시설 확충으로 문화성시, 문화주권 도시 / 179
   - 푸른 녹지속에서 여유로운 삶을 즐기도록 노력 / 180

6. 모두가 건강하고 안전한 살기좋은 행복도시 / 182
   - 100세 시대, 생명존중 의료안전망 구축 / 182
   - 시민의 안전한 생활 보장 / 183
   - 미래 세대의 주역, 건강한 영유아, 어린이, 청소년 보호·육성 / 184
   - 어르신에게 일자리와 여가 프로그램을 제공하여 삶의 질 제고 / 184
   - 장애인이 이동이 편리하도록 개선하고 사회참여 확대 / 187
   - 복지 사각지대가 없도록 촘촘하고 세심한 복지정책 시행 / 188
   - 인재를 양성하고 평생교육 확대 / 188
   - 생활체육활성화로 건강하고 행복한 생활 보장 / 190
   - 농수산물의 안정적 생산·소비 지원과 정주여건 개선 / 191

그랜드 비전(Grand Vision)
- 대한민국을 넘어 글로벌 중심 도시

all ways INCHEON은 잠재력이 무궁무진한 도시다. 우선 인천의 인문·지리적 조건을 보면, 인천은 내륙과 해양을 동시에 갖추고 있다. 각기 독특한 산업구조와 역사 문화를 지니고 있다. 무한한 가능성을 지닌 서해 바다와 함께 중국이라는 큰 대륙을 바라보고 있다.

서해를 끼고 있는 도시 중 한반도 중앙에 자리 잡고 있어 바닷길의 중심 도시일뿐 아니라 향후 평화통일 이후에는 통일 한반도의 중심 도시가 될 수 밖에 없다. 인천은 대륙으로 향하는 플랫폼 도시가 될

〈사진 : 엘벡도르지(Tsakhia Elbedorj) 몽골 대통령과 교류협력을 논의하는 필자〉

것이고, 대륙으로 진출하는 신 유라시아로드의 출발지가 될 것이다. 모든 길은 인천으로 통한다.

인천의 잠재력은 또 있다. 고대국가 시대부터 밖으로 진출하려던 화려한 역사를 갖고 있다. 인천의 역사는 한마디로 국제화의 역사였다. 개방의 역사였다. 어느 도시나 부침이 있고, 질곡의 아픔은 있었지만, 우리 인천은 개방성과 국제성을 지향하는 역사 정신으로 견뎌냈다. 우리 인천 인구가 300만 명을 돌파한 것도 돌이켜 보면 인천의 개방 역사가 이뤄낸 성과라고 해도 과언이 아닐 것이다.

앞으로 인천은 대한민국을 넘어 글로벌 중심도시로 발전하기 위한 큰 구상을 하나하나 실현해 나가야 한다. 먼저 영종과 강화를 중심으로 가칭 '뉴홍콩시티'를 건설하는 것이다. 또한, 'UN본부 유치'와 '한중해저터널 건설' 사업도 추진해야 한다고 생각한다.

1. 가칭 'New 홍콩시티' 건설 (영종·강화중심)

홍콩의 중국화가 급속하게 진행되는 가운데 홍콩인 58% 정도가 홍콩에 살기 싫다는 언론보도가 이어지고 있다. 이와 관련 영국 정부는 물론 캐나다, 호주도 홍콩인에 대한 이민 문호를 개방하겠다고 한다.

특히, 글로벌 금융허브 중 하나로 꼽혔던 홍콩이 중국 정부의 국가보안법 시행과 지난 2년간의 혼돈 끝에 결국 많은 글로벌 기업이 떠나게 되는 결과로 이어지고 있다. 다국적 기업들은 더 이상 사업을 하

기 어렵다는 판단하에 잇달아 본사를 싱가포르 등지로 옮기고 있다는 분석이다.

홍콩에 있는 9천여개의 다국적 기업중 상당수가 떠나고 있다. 게다가 미국, 중국의 패권 다툼 속에서 미국은 제2의 홍콩을 생각하지 않을 수 없는 현실적 필요성이 대두 되고 있는 상황이다.

이에 우리 인천은 미국의 세계전략에 선제적으로 대응하면서 홍콩을 탈출하고자 하는 다국적 기업과 투자자, 국제기구 아태본부, 금융, 물류 등 홍콩의 기능을 인천으로 유치(이전)하기 위한 전략적 대응이 필요한 시점이다.

즉 홍콩을 탈출하는 기업들이 싱가폴 등으로 이전하지 않고 인천에 정착할 수 있도록 'New홍콩시티'를 건설하는 방안도 적극 추진해야 한다.

'New홍콩시티' 건설 기본구상은 남북평화도로로 연결되는 강화도와 영종도를 대상으로 하면서 인근 영종도 준설투기장(한상드림랜드 예정지) 지역에 홍콩을 탈출하는 다국적 기업과 투자자, 국제기구 등 종사자들이 거주하고 기업인들이 비즈니스 할 수 있는 새로운 도시공간(주거, 오피스, 호텔, 상업, 첨단산업공장 등)을 창출하는 것이다.

또한, 우리나라는 다문화국가가 되었다. 이곳에 세계 각국의 다문화 사람들의 생활과 문화, 공원, 먹거리 등 경험과 함께 관광자원으로 활용할 수 있는 국가별 타운 조성도 필요하다. 이제 빠른 시일내 전문가들의 자문을 받고 마스터플랜을 수립하여 추진해야 할 것이다.

〈가칭 New 홍콩 추진 지역인 강화도와 영종도〉

2. UN본부 유치

인천은 유구한 역사문화 속에 1883년 개항 이후 대한민국의 근대화와 산업화를 이끌어온 전통있는 도시로서 현재 대한민국 특·광역시 중 인구성장율이 가장 높고, 가장 넓은 도시면적에 성장 가능성이 가장 높은 글로벌 도시이다.

반면 인천은 세계적으로 가장 위험한 북한과 접경지역에 위치해 있고, 연평해전 등 실제 전쟁 발발과 호전적 북한의 도발이 우려되는 특수성을 함께 가진 지역이다. 이제 이러한 지리적, 역사적 특성과 장점을 살려 세계의 평화를 만들어가는 글로벌 평화도시로 위상을 정립할 준비도 해야 한다.

이제 인천을 세계평화의 도시로 만들어 가야 한다. 평화의 상징인 국제기구가 송도국제도시에는 15개 국제기구가 있고, 향후 35개 국제기구를 추가로 유치하는 계획을 추진하고 있다. 또한 GCF콤플렉스 건립도 추진하고 있다.

그러나 이러한 작은 국제기구 몇 개 더 유치한다고 인천이 평화의 도시라고 할 수 없다.

우리 인천은 고려시대와 근대 외세의 침략에 항거하면서 평화의 역사적 현장을 잘 보전해 왔던 곳이다. 즉 자유와 평화의 3.1운동 정신을 널리 함양해 왔던 곳이며, 지구상에서 가장 위험한 북한과 접경 지대에 위치하고 있으면서 평화를 지키기 위해 노력하고 있는 평화의 도시이다. 그리고 세계 도시와 쉽고 빠르게 연결할 수 있는 국제허브공항과 국제항만과 인접해 있는 곳이다.

따라서 세계평화의 상징이라고 할 수 있는 'UN본부를 인천에 유치'하는 것은 남북 긴장 완화와 동북아의 전쟁으로 확산을 방지하고, 세계평화에 기여할 수 있는 가장 효과적인 방법이라고 생각한다. 위치는 뉴홍콩시티 또는 송도국제도시 랜드마크 사업과 연계하여 검토하는 것이 필요하다.

3. 한~중 해저터널 건설

우리 인천의 미래는 국제허브공항, 국제항만, 철도, 도로, 문화 등을 통해서 대한민국 모든 도시와 유기적으로 연결되고, 전세계의 도시와 사람, 기업, 문화 등 모든 부문에 인천과 쉽게 연결되는 글로벌 중심도시가 되어야 하고 발전할 수 있어야 한다.

즉 글로벌 네트워크의 중심도시가 되어야 한다.

인천이야말로 한~중 해저터널 구축으로 한반도와 유라시아 대륙철도망을 연결하는 '신 유라시아로드'를 통해 물류와 인류를 아우르는 유라시아를 향해 열린 육지길, 바닷길, 하늘길의 출발이자 아시아 태평양지역의 경제와 문화교류의 장을 구현할 수 있는 유일한 도시이며

최적지다.

인천은 하늘길과 바다길, 그리고 평화의 시대에는 육로를 통해 한반도와 중국 대륙을 연결하는 중심성을 갖추고 있다.

또한 중국 산둥반도에서 인천을 거쳐 일본 요코하마와 동아시아 각계로 뻗어나간 화교사회 사례와 같이 인천은 중국의 황해권역과 동아시아를 역사 문화적으로 연계하는 매개성을 갖추고 있다.

현대에 와서 인천은 세계적인 인천국제공항을 비롯하여 중국 14개 주요 연안도시와 해상물류가 연결되는 한·중 교류의 중심도시, 특히 한국의 대 중국 교역량 중 약 60%가 인천공항과 인천항을 통해 이뤄지고 있는데, 한중 FTA로 인해 향후 인천은 지리적 여건과 항만·공항 인프라 등을 바탕으로 대중국 전진기지 도시로 거듭날 것이 분명하다.

특히, 한중 FTA는 중국이라는 거대 성장 시장을 제2의 내수시장으로 선정하는 기회가 될 것이다.

이와 관련하여 인천의 주력 상품이 중국에 진출할 기회가 증가될 것이다. 이에 따른 물류 증가 등으로 물류산업이 팽창하는 등 인천 경제에 긍정적인 영향을 미칠 것이다.

이제 한국 대 중국이 아닌 인천 대 환황해권이 될 것이다.

이에 인천이 동북아 중심도시로 발전해 나가기 위한 전략은 환황해권 중심도시 연합체를 구성하여 그 중심에 서는 것이다.

중국의 동쪽에 연하고 있는 성(省), 시(市) 들과 한국의 서쪽 연안 시·도들 간의 경제 공동체를 만들어 교통과 물류의 중심인 인천이 주도하는 한·중 지방정부 공동체를 만드는 것이다.

지방자치와 정치 발전 비전

1. 지방행정 체제 획기적 개편

인천을 중심으로 부천, 김포, 시흥 등 수도권 서부광역체제로 행정구역을 개편하면 인천과 대한민국의 국가 경쟁력이 커지게 된다. 일제에 의해 강제 개편된 행정체계를 정부 수립이후 제대로 된 비판적인 분석이나 체계적인 평가 한 번 해보지 않은 상태에서 지금까지 계속 유지해오고 있다. 이제 메가폴리스(Megapolis)로 진화를 꾀해야 한다.

21세기 급변하는 환경 속에서 현실적인 지방행정 체제에 대한 합리

적이고 진지한 논의가 없었다는 것이다. 세계는 경쟁력 있는 지역 경제권을 중심으로 빠르게 재편되고 있다. 전 세계적인 무한경쟁에 대응하기 위한 미래지향적 행정체제로의 개편은 더 이상 미룰 수 없는 과제가 되고 있다. 특히 구역을 초월한 광역행정 필요성이 일반화되고 있으며, 나아가 행정환경 변화에 부응하는 국토 공간의 효율적 개편이 요구되고 있다.

이에 인천과 동일한 생활권 또는 경제권에 속해 있으며, 인천이 갖고 있는 세계적 인프라인 공항, 항만, 경제자유구역, 도서, 해양의 전략적 가치를 극대화하는 초광역화 정책이 추진되어야 한다. 즉 인천을 중심으로 부천, 김포, 시흥 등 수도권 서부광역 체제로 행정구역을 개편하는 것이다.

이와 함께 수원·성남·용인을 중심으로 하는 경기도 남부광역도시, 고양·파주·의정부를 중심으로 하는 경기도 북구광역도시로 재편하여 수도권을 서울권, 인천권, 수원권, 고양권의 4개 메가폴리스로 재편하는 혁신적 행정구역 조성으로 광역단체 간의 국제적 경쟁을 통해 국가 전체의 경쟁력도 함께 커질 수 있다.

이 경우 면적, 인구, 지방행정력이 증가하여 지방경쟁력 강화뿐 아니라, 지역균형 발전에도 도움이 되는 이중효과를 얻게 될 것이다.

그리고 수도권외 지역도 부산, 대구, 대전, 광주 등을 중심으로 메가폴리스(Megapolis)를 조성하고, 그 외 지역은 도와 시·군을 폐지한 후 40~50개의 단일행정권역으로 조성하는 지방행정 체제의 대 개편이 필요하다.

이를 위해 단계적 접근으로 지자체 연합 혹은 지역 연합을 통해 메가폴리스의 장점과 편리함을 경험하고, 확보된 경쟁력을 기반으로 광역도시 혹은 광역지역권을 하나의 행정단위로 재편하는 것이 필요하다.

2. 지방선거제도, 공천제도 혁신

오늘날 많은 분들이 정치혁신을 말하고 있다. 정치혁신은 권력의 집중 문제를 해결하는 것이다. 권력의 집중이 우리 사회갈등의 가장 큰 요인이라고 본다. 즉 권력을 분산하여 국민통합으로 타협과 협치의 토대를 만들어 가야 한다.

나는 헌법 정신에 충실 한다면 개헌 없이도 국민통합의 정치를 할 수 있다고 생각한다. 먼저 우리가 할 수 있는 선거개혁, 공천개혁 등부터 시작해야 한다고 본다. 각종 선거가 시작되기 전부터 공천을 받기 위해 부당한 거래 등이 시도된다는 사실을 쉽게 부정하기 어려울 것이다.

국회의원 비례대표제를 폐지하거나 국민선택형 제도로 조정하는 개혁과 함께 지방의원 선거구제 개편과 공천제도를 혁신해야 한다. 그리고 지방의회 의장 선출에 관한 규정도 투명하고 합리적으로 진행되도록 방식을 재정립해야 한다. 그리고 최근 정치권에서 제안하고

있는 슬림한 청와대, 분권형 책임장관제 도입에 대해서 적극 환영한다. 나아가서 대통령제가 갖는 진영논리가 국정수행시 부패와 비능률에 국민 분열의 요인이 되고 있는 상황을 볼 때, 한번쯤은 당선된 대통령이 당적을 이탈하여 국민통합의 대통령이 되었으면 하는 생각도 가져본다.

인천의 현안 해결 비전

1. 4차 산업혁명 시대 경쟁력 있는 도시

세계화 시대, 4차 산업혁명 시대는 경쟁이 더욱 더 치열해지고, 경쟁 상대도 세계적으로 확대되고 있다. 이렇게 치열한 세계화, 무한경쟁 시대에 살고 있는 요즘은 자신 또는 도시의 장점을 발휘하는 것이 곧 경쟁력이다. 자신의 소질과 능력이 개인의 경쟁력이듯 도시의 경쟁력도 도시가 갖고 있는 장점에 있다.

인천은 절대 우위의 경쟁력을 갖고 있다. 세계 최고의 공항으로 평가받고 있는 인천국제공항, 1883년 개항하여 국제항으로 성장한 인천항, 대한민국에서 최초로 지정된 인천경제자유구역, 아름다운 경관의 168개 섬과 천혜의 갯벌로 이루어진 인천의 섬과 바다는 타 도시에는 없는 인천만의 도시경쟁력이다.

〈세계 최고의 허브공항 위상에 걸맞는 항공산업 육성, 공항경제권 활성화〉

〈출처〉 인천광역시, 대한항공 항공기엔진정비 클러스터 부지

세계 최고 국제공항의 명성에 걸맞게 인천국제공항 주변 지역을 세계적인 항공정비사업(MRO) 및 공항경제권으로 육성하여야 한다. 항공정비사업은 고부가가치 기술집약적 산업으로서 항공수요 증가와 더불어 항공정비 수요가 급증하고 있다.

도심항공교통(UAM)이 상용화되는 2025년 이후에는 비행체 부품산업도 성장이 예상된다. 인천국제공항 인근의 항공정비산업과 교육훈련산업을 연계 발전시키고 나아가 천혜의 관광지인 옹진군 백령도에 민·군겸용 백령공항을 건설하여 튼튼한 안보와 함께 관광 활성화에도 기여하여야 한다.

〈인천의 보물 항만·해안·섬을 시민과 함께 즐길 수 있도록 정비〉

인천신항을 차질없이 조기 건설하여 무역항의 주요기능을 이전하고, 인천내항 1·8부두 및 배후지역을 국제해양문화, 산업기능 고도화, 도심기능을 강화하는 항만재생 사업을 적극 추진함으로써 항만 배후지역의 경제활성화를 견인하는 원도심의 미래로 발전시켜 시민에게

〈사진 : 백령도 사곶 천연 비행장〉

되돌려 주어야 한다.

또한 인천 해안선을 따라 둘레길, 자전거길과 낚시·레져 활동을 겸할 수 있는 친수공간을 조성하고, 섬 지역에는 콘도형 휴양시설과 섬마을 박물관 등을 건립하여 인천 섬의 자연과 바다를 체험하고 즐길 수 있도록 해야 한다. 특히 섬의 접근성 향상을 위해 백령공항의 차질없는 건설과 '위그선' 도입을 추진해야 한다.

〈인천경제자유구역 활성화를 통해 대한민국 미래먹거리 확보〉

〈출처〉 인천연구원, 녹색기후기금 복합단지 조감도

코로나 장기화로 백신과 치료제 개발이 국가의 최대 어젠다로 대두되고 있는 시점에서 우리나라 백신주권을 확보할 수 있는 기술, 구성원, 네트워크를 갖춘 송도국제도시 송도바이오클러스터에 첨단의료복합단지, 바이오의약품 상용화 지원센터, 뷰티산업지원센터 등을 고도화하여 세계 최고의 바이오밸리로 만들어야 한다.

또한 수소에너지, 모빌리티, 로봇, ICT융합기술 기업 및 연구소를 유치하는 한편 국제기구인 녹색기후기금(GCF)본부 위상에 맞는 전용공간을 확보하고 관련 주요기관을 집적화 하도록 녹색기후 복합단지를 조성하는 등 인천경제자유구역 활성화를 통해 미래먹거리를 확보해야 한다.

2. 모든 길은 인천으로 연결되는 편리한 도시

도로는 인류문명 발전의 기반으로서 물자의 운송로, 지식과 문화 및 기술의 전파통로, 인간집단 상호 간의 이동은 물론, 재화의 유통을 촉진시키는 수단이었다. 도로와 철도의 기능을 우리 인체와 비교하면 모세혈관이라 할 수 있으며, 모세혈관을 통해 산소와 영양소 등 물질을 운반, 교환하여 생명을 유지하는 것과 같이 철도와 도로는 우리 생활에 가장 중요한 역할을 하는 인프라 시설이다.

〈출처〉 인천광역시 자료, 인천대로 지하화 및 상부공간 활용 조감도

〈단절된 인천을 하나로 연결하여 상생발전 도모〉

1968년 개통된 경인고속도로, 1974년 개통된 경인전철은 대한민국 최초의 고속도로와 전철로서 반세기 동안 우리나라의 경제성장과 인천의 발전을 이끌어 온 중추 시설이었다. 하지만 도시발전과 인구 증가라는 시대 변화 속에 고속도로는 기능을 상실하였고, 소음과 미세먼지 발생의 원인이 되기도 하였다.

경인고속도로는 2015년 12월 일반화를 위해 이관받는 성과를 이루었지만, 경인고속도로와 경인전철을 중심으로 동서지역이 단절되어 소통과 발전을 저해시키는 문제가 있다. 경인고속도로와 경인전철을 지하화하고 상부를 연결하여 확보된 상부공간에 공원과 문화시설 등을 설치하여 시민의 복지 여가 공간으로 활용해야 한다.

〈어디서나 사통팔달, 철도·도로망 구축〉

대중교통을 이용하여 장거리 출퇴근하는 시민들에게 여유로운 일상을 제공하기 위한 수도권 GTX D노선(Y자) 완성, GTX-E노선 신설과 인천발 KTX 연결, 인천도시철도 1·2호선 연장, 도시철도의 강화군 연결 사업화 방안 등 실시와 함께 제4경인고속도로, 영종~강화평화도로, 경인고속도로 남청라 연장 및 지하화, 강화·옹진 도서지역 도로망 신설 등 모세혈관식 도로망 구축을 적극 추진해 나가야 한다.

〈수요자 중심으로 대중교통을 편리하게 이용〉

'시민의 발'인 버스를 이용하는 시민이 편리하게 이용할 수 있도록 스마트 쉘터형 버스 정류장을 확대 설치하고자 한다. 또한 쉘터형 버스정류장에는 버스운행정보안내기(BIT)를 모두 설치하는 한편, 수요자인 시민중심으로 버스노선을 지속적으로 개편해야 한다.

또한, 검암역세권에 복합환승센터를 설치하고 지하철역사에 에스컬레이터 설치와 함께 노후화장실 등 편의시설을 정비하도록 해야 한다. 아울러 곳곳에 분산되어 차량관리 행정과 교육 등 업무를 수행하는 교통단체들을 한 곳에 통합하기 위한 교통회관을 신축하고 원활한 교통 흐름을 위해 자원봉사하는 모범운전자에 대한 지원도 강화해 나가는 것이 중요하다.

3. 주민이 직접 참여하는 도시재생 추진

그동안 우리 인천의 발전전략은 경제자유구역 중심의 정책이 주류를 이루었다. 경제자유구역을 중심으로 한 발전전략과 동시에 또 하나의 중요한 전략인 원도심 부흥 정책을 계속 추진해야 한다. 단순히 주거환경을 개선하거나 아파트 건설로 대표되는 기존의 개발 방식과는 차이가 있어야 한다. 즉 젠트리피케이션 등의 문제를 최소화하고, 지역의 역사 문화 등 자원을 최대한 활용하고 주민이 직접 참여하여 만들어 가는 인천형 주민참여 도시재생 사업으로 추진해야 한다.

〈인천의 근대화를 연 인천내항 주변을 원도심의 미래로 재탄생〉

중구 월미도, 내항, 개항장 및 동구 금창동 일원은 인천항 개항과 함께 인천 및 우리나라의 발전과 역사를 함께한 뜻깊은 곳이다.

이곳에 상생플랫폼 조성, 답동성당 관광자원화, 역사 산책공간 조성, 근대 문화유산 보존과 활용 등 다양한 사업을 차질없이 추진하여 역사와 문화가 하나로 어울어지는 해양관광, 경제기반, 역사·문화지역으로 재탄생 시키는 것이다.

〈살기 좋고 정감있는 원도심으로 조성〉

우리시민이 원도심을 떠나 신도시, 아파트 등으로 이주하는 주된 이유는 원도심의 생활환경과 주거 여건이 불편하기 때문이다. 낙후되고 열악한 원도심 지역의 주거환경을 개선하고, 공동체형성을 지원

하는 다양한 사업을 추진해야 한다.

앞으로의 원도심 주거 개선사업은 주민이 직접 참여하고 계획하는 주민공동체 기반의 주거재생이 되어야 한다. 소공원, 어린이 놀이터, 경노당, 마을주택관리소, 집수리 지원센터, 재활용품 수집·선별장 등 복합기능을 갖춘 '마을종합지원센터'를 시범적으로 건립하고 주민 공동으로 자치 운영을 하는 것이 바람직하다.

또한, 원도심의 공가·폐가와 인근지를 매입하여 소공원, 주차장을 확대 조성하고 아름다운 마을(골목길) 가꾸기 지원 및 공모전 개최, 아파트 단지내 통과도로 관리사업비도 지원해 나가도록 해야 한다.

〈원도심 활성화를 위해 거점시설을 정비하고 유치〉

원도심의 주거환경 개선과 함께 지역을 활성화하기 위해서는 앵커시설이 필요하다. 이를 위해서 인천에 필요하고 인천의 지역특성에 맞는 해사법원, 인천고등법원 등 공공기관을 적극 유치하는 한편, 인천지역에 소재한 극지연구소, 한국환경공단 등 공공기관의 존치에도 적극 대응해야 한다. 또한 인천지하철 시대 개막, 지하철 7호선 개통에 따라 상대적으로 역할이 줄어든 경인전철 부평역, 주안역, 제물포역 등 역세권을 원도심 활성화를 위한 거점지역으로 육성하여야 한다.

4. 일하기 좋은 경제도시

코로나 사태로 경기 불확실성은 증대하고 코로나가 종식되어도 경영환경변화는 지속될 것이다. 이에 코로나 사태로 변화하는 트렌드를 기회로 삼아 급변하는 경영환경 변화에 맞추어 기업인, 소상공인, 근로자, 청년, 여성 등을 위한 특단의 대책을 추진하여야 한다.

〈경영환경 변화와 사회적 요구에 대응할 수 있도록 인프라 확충〉

산업단지에는 근로자가 부족한 인력난을 겪는 반면 청년은 일자리가 부족한 일자리 미스매치 현상에 따라 산업현장에 청년근로자의 효과적인 유입정책이 필요하다. 현재 인천의 30년 이상된 노후 산업단지는 기반시설 인프라가 부족한 문제가 대두되고 있다. 이에 산업단지가 단순한 산업생산 공간에서 벗어나 주거공간과 인접한 특징을 살린 문화·여가 복합공간으로 정비하고, 이곳에 입주하는 산업도

첨단산업뿐만 아니라 인천의 역사와 전통이 있는 뿌리산업, 제조산업도 스마트화하여 함께 육성될 수 있도록 하여야 한다.

또한 중대재해처벌법 시행, 성인지 강화, 친환경 경영(ESG) 등 새로운 경영환경 변화에 대응하고 글로벌 마케팅과 소상공인 맞춤형 지원을 전담할 경영지원센터를 건립하고, 소상공인 발전전략 수립 등 체계적인 지원사업을 전개해야 한다.

아울러 인천은 부산, 대구와 비교시 전체인구 대비 공장용지 비율이 상대적으로 낮다. 친환경 첨단산업단지를 조성하여 저렴한 산업용지를 공급하는 한편, 강화·옹진 지역에 반려동물 식재료 및 용품 전용 생산단지를 조성하여 지역내 농수산물을 최대한 활용하고, 전시 판매도 겸하도록 하면 일자리 창출과 지역경제 활성화에도 큰 도움이 될 것이다.

〈중소기업, 소상공인에게 다양한 재정지원 확대〉

코로나 사태속에 어려움을 격고있는 중소기업에 저리의 운영자금을 지원하여 안정적인 경영기반을 조성하고, 소상공인에게는 경영안정자금 지원과 함께 코로나 피해 업종에 대하여는 지원사업을 확대하여 힘이 되도록 해야 한다.

또한 인천의 지역화폐(e음카드) 캐쉬백을 효율적으로 유지하면서 다양한 부가서비스를 개발하여 기능을 강화해 나가는 것이 필요하다. 또한 지역화폐 운영과 중소기업자금지원, 기술개발 펀드 운영 등을 전담하는 인터넷은행인 '가칭 인천시티은행' 설립을 추신하는 등

중소기업과 소상공인에 도움이 되는 정책을 추진해야 한다.

〈청년과 여성에게 공정한 기회와 희망 만들기〉

인천 지역의 국제공항공사, 수도권매립지공사, 항만공사, 한국남동발전(주) 등 공기업 및 대기업에서 인재 채용시 인천지역 대학 졸업자를 우대함으로서 역차별을 해소하고 지역출신 인재를 우선 채용하도록 권장해 나가야 한다. 또한 시산하 공사·공단, 공공단체의 신규 인력 채용시 통합 공채 검토 등 공정성을 더욱 강화하는 것이 필요하다.

중소기업에 근무하는 장기 근속자를 우대하고, 기술축적을 통한 안정적인 생활을 보장하기 위하여 기업, 근로자, 시 정부, 지역경제 단체가 공동출연하여 연금식으로 지급하는 '중소기업근로자공제조합'

설립을 적극 검토하고, '청년 창업지원 펀드' 등 창업자금 지원도 확대해 나가야 한다.

또한 나누어 주기식 보다는 안정된 일자리와 풍요로운 삶을 더욱 더 보장하는 인천형 청년정책 지원사업 추진계획을 수립하여 체계적으로 사업을 추진하고 수요자 중심으로 첨단산업, 미래 먹거리 위주로 공공직업훈련을 활성화해야 한다.

택지개발, 원도시 정비시 공급되는 공동주택에 청년·신혼부부 특별공급을 확대하는 한편, 수요자 의견을 정책에 반영할 수 있도록 시청, 구청에 '청년 보좌역'을 배치하고, 시의 각종 위원회에 이들이 참여하도록 해야 한다.

5. 쾌적한 녹색문화가 있는 도시

인천에 소재한 항만과 산업단지는 우리나라의 근대화와 산업발전의 견인차 역할을 하였지만, 한편으로는 발전시설의 집중, 수도권매립지, 항만물동량 등으로 인한 비산먼지, 소음 등 일부 환경문제가 대두되고 있다. 그리고 수도권에 소재하면서 상대적으로 녹지와 문화 인프라가 부족하다는 지적을 받아 오고 있기에 이제 인천은 인구 300만 시대, 세계화의 중심 도시로서 시민의 삶의 질 향상을 위하여 환경문제 개선과 함께 녹색공간, 문화인프라를 확충해 나갈 필요가 있다.

〈폐기물처리 개선과 깨끗한 먹는 물 공급〉

수도권매립지 대책은 앞에서 기술한 대로 4자 합의 내용을 지켜 대체매립지 조성과 함께 기존 부지를 새로운 인천발전을 위한 친환경 매립지로 바꿔나가야 한다.

더 나아가서 도심속의 소각장 건설은 중단하고 먼 바다에 환경정화시설(가칭 해상에코시티)을 구축하는 방안을 적극 검토해야 한다. 이는 바다 위에 해상플랜트(부유물체) 형태 또는 대형 소각선(폐컨테이너선 활용 등) 형태로 시설을 구축하여 운영하는 방식이다. 이곳에서는 육상에서 운반된 폐기물의 소각과 폐수처리, 환경기술연구소, 환경체험장 등 시설을 조성하는 방안을 구상해 본다.

또한, 코로나 언택트 시대에 배달 문화가 발전함에 따라 1회 용품 사용이 급증하고 있어 일회용품 감축을 위한 회수, 재이용이 가능한 배달용기를 개발 보급하고, 친환경 전기차·수소차 구입 지원사업을 확대해 나가는 한편, 수돗물 적수사태, 유충 사태와 같은 문제가 재발되지 않도록 정수장을 고도화해 나갈 것이다. 또한 노후 상수도관 교체사업을 지속적으로 추진하여 더욱 안전한 수돗물을 공급하고, 정수장에서 생산하는 미추홀참물을 소외계층, 공익행사에 지원을 확대하고, 승기하수처리장의 지하화·현대화 사업도 차질없이 추진해 나가야 한다.

〈문화, 관광시설 확충으로 문화성시, 문화주권 도시〉

2012년 완공된 경인아라뱃길은 수도권의 친수공간으로 방문객 수는 지속적으로 증가하나 수상, 레저 등 방문객의 요구를 수용하기는 어려운 실정이다. 주변지역과의 연계를 통한 활성화 필요성이 제기되고 있다. 한강~아라뱃길~인천 앞바다 까지 연결한 뱃길을 개통하고, 길이 13㎞의 수변 좌우의 일정공간(폭)을 섹터별로 나누어 수변레저, 관광기능과 친환경 인천형실리콘밸리(가칭:인천소프트산업단지)가 어울어지는 복합공간으로 조성하여 영종 및 청라지역, 수도권매립지 시설 등과 연계한 인천북부권의 관광·첨단산업의 명소로 자리매김하기 위한 '경인아라뱃길 르네상스' 사업을 추진하고자 한다.

문화시설로는 청라국제도시에 서북권 종합예술회관을 건립하고, 현재 추진 중인 국립문자박물관, 국립해양박물관, 인천뮤지엄파크를 차질없이 건설하는 한편, 송도국제도시 '아트센터 인천'의 2단계 사업도 준공하여 송도국제도시의 랜드마크, 세계적인 명소로 만들어 가야 한다.

<푸른 녹지 속에서 여유로운 삶을 즐기도록 노력>

오랜 숙원 끝에 시민의 품으로 돌아오는 부평 미군 캠프마켓에 한국대중음악자료원과 대학 및 문화시설이 어울어진 역사문화공원을 조성해야 한다. 또한 인천의 상징인 갯벌과 염전 중 도시성장 과정에서 사라지고 마지막으로 유일하게 남은 소래 염생습지를 미래세대를 위한 자연유산으로 보존해야 한다.

특히, 소래습지와 인접한 곳에 물류창고 건설 계획을 차단하고 이곳을 소래습지와 인천대공원을 연결하는 대한민국 최고의 생태공원으로 조성하는 방안을 적극 추진해 나가야 한다.

인천의 녹지축(계양산~청량산)을 생태적, 심리적으로 연결되는 무장애 둘레길을 조성하여 어린이, 장애인, 노약자가 손쉽게 자연을 접하도록 하고, 일정규모 이상의 공원에는 상수도를 이용한 냉·온수기를 설치하여 혹서기, 혹한기에 시민이 편리하게 이용할 수 있도록 하는 한편, 송도국제도시 워터프런트 주변을 힐링 명소화하도록 해야 한다.

6. 모두가 건강하고 안전한 살기좋은 행복도시

국민들의 생활수준을 나타내는 대한민국 국민 1인당 GNI(국민총소득) 지수가 3만달러를 넘었다. 우리는 높은 소득 수준과 물질적 풍요 뿐만 아니라 삶의 질 측면에서 만족할 때 진정한 행복을 느낄 수 있다고 생각한다. 또한 인간은 상호 작용하는 도시공동체 속에서 자연과 조화를 이루며 삶을 소중히 여기고 행복하게 사는 것이 가장 중요하다. 이제 인천은 도시명성에 걸맞게 시민 모두가 쾌적하고 안전한 환경속에서 건강하고 살기 좋은 행복도시를 만들어 나가야 한다.

〈100세 시대, 생명존중 의료안전망 구축〉

현대의학의 발전은 장수를 바라는 인류의 꿈을 실현하고 있다. 문제는 병으로 고통받으며 오래 사는 것이 아니라 활력을 유지하며 건강하게 오래 사는 것이다. 건강한 100세 시대를 준비하기 위하여 생명

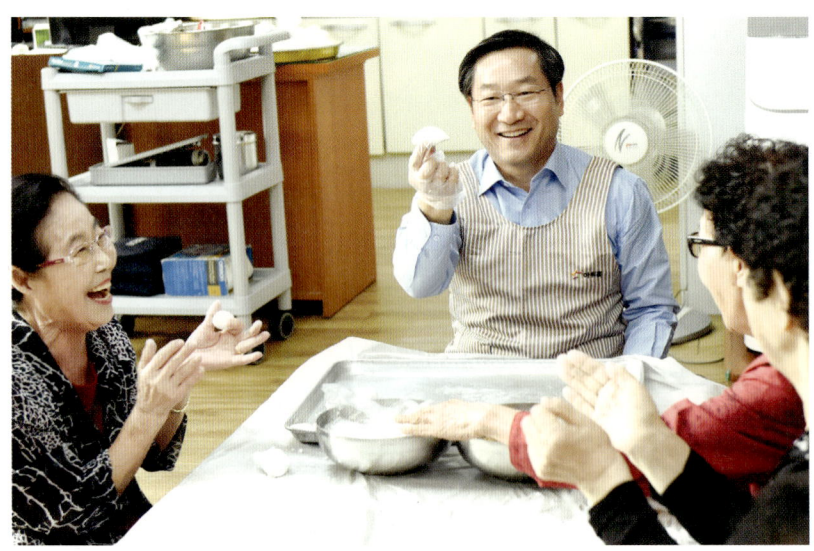

존중 의료 안전망이 필요하다.

공공의료 보장성 강화와 건강 불평등 해소를 위하여 제2의료원을 건립하고, 인천국제공항, 항만을 통하여 해외에서 유입되는 감염병을 차단하고 대비하기 위한 감염병 전문병원과 국가 재난의료와 함께 상대적으로 의료기반이 취약한 영종지역의 의료실정을 보완하기 위한 특성화된 종합병원과 국립병원을 유치해야 한다. 또한 고령화 시대 사회문제로 떠오르고 있는 치매의 예방과 관리를 위한 치매 전담병원을 설립하여 치매예방 치료기반을 확충해 나가야 한다.

〈시민의 안전한 생활 보장〉

스쿨존 내 어린이 안전보호, 아동학대 및 학교폭력 예방 등 어린이가 안전한 인천만들기 10대 사업을 지속 추진하고, 노후 소방장비는 신속하게 교체하여 노후·시설 장비 내구년수 경과율 0%를 유지해 나

가야 한다. 재난위험시설물은 24시간 스마트감시 시스템을 구축하는 한편, 대형공장, 백화점, 역사 등 다중 이용시설은 IoT를 기반으로 한 관리시스템을 확대 설치해야 한다.

초등학생 모두에게는 생존 수영을 가르쳐 평생에 걸쳐 안전한 수상 레저활동을 할 수 있도록 해야 한다. 또한 소방수요가 확대되고 있는 연수구에 연수소방서를 신설하고 시민의 안전한 먹거리 제공을 위한 감시활동도 강화하는 것이다.

〈미래세대의 주역, 건강한 영유아, 어린이, 청소년 보호·육성〉

미래세대의 주역인 영유아, 어린이, 청소년이 건강하고 행복하게 자랄 수 있도록 정기적으로 시행하는 영유아 건강검진을 활용한 확인 시스템을 구축하여 영유아 폭력과 같은 일이 재발하지 않도록 해야 한다.

또한, 아파트 단지 및 소공원의 어린이 놀이시설 정비사업비를 확대 지원하고 청소년 국제 교류사업을 대폭 확대해야 한다. 청소년 활동 지원과 청소년시설 운영의 전문성을 강화하는 한편 취약계층 청소년에게 꿈을 심어주는 희망의 사다리 사업도 전개해야 한다.

〈어르신에게 일자리와 여가 프로그램을 제공하여 삶의 질 제고〉

어르신들의 건강하고 풍요로운 노후생활을 위하여 노인 일자리 창출을 통한 안정적인 생활 지원은 물론 생산, 산업현장 일손 부족에 실질적인 도움을 주고 보람있고 영속성 있는 일터가 되도록 노인일

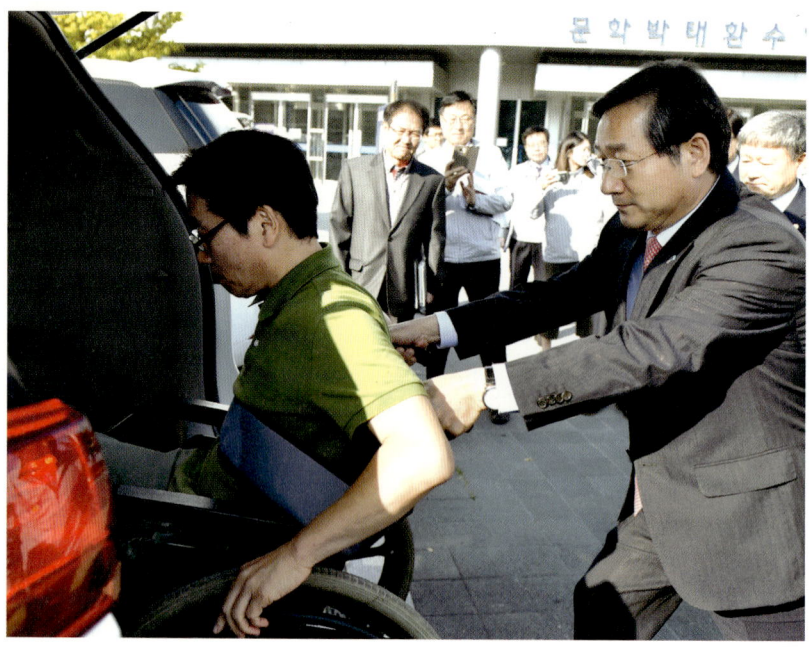

자리 사업을 내실화해야 한다.

폐지 등 재활용품을 수거하여 생활하시는 어르신에게는 안전장치, 야광등이 부착된 안전한 손수레를 지원하고, 저소득층 치매노인 돌봄서비스 확대와 함께 어르신 맞춤형 여가프로그램을 확대 운영해 나가야 한다.

또한 현재 전철만 무상으로 이용이 가능한 어르신 교통우대카드를 시내버스까지 무상이용 가능하도록 확대하고, 문화와 휴식이 가능한 실버타운을 조성하여 저렴한 비용으로 이용하도록 하여야 한다.

<장애인이 이동이 편리하도록 개선하고 사회참여 확대>

교통약자의 이동권 보장을 위한 특별교통수단(특장차)을 확보해야 한다. 인천시에서는 특장차, 시내 운행 중인 택시를 지정한 바우처택시를 운행하여 법적 기준을 충족(바우처 택시도 특별교통수단으로 인정) 하였지만, 휠체어를 이용하는 장애인은 대기 시간이 길고 이용이 불편하였다. 이에 장애인이 휠체어에 앉은 채 보호자와 함께 이용할 수 있는 중형특장차를 법적기준 이상으로 확충하고, 등록된 장애인이 아닌 치매노인, 와상환자, 일시적 거동 불편자까지 편리하게 이용할 수 있도록 확대 개선되어야 한다.

또한 장애인 이동이 편리하도록 점자블럭, 경사로 등 편의시설을 확충하는 한편, 공공기관의 장애인 의무 고용율을 준수하고 장애인 출장등록 서비스 시스템을 구축해야 한다.

〈복지 사각지대가 없도록 촘촘하고 세심한 복지정책 시행〉

우리나라는 복지 시스템이 잘 되어 있음에도 불구하고 최근 어려운 사정에 있는 가정이 극단적인 선택을 한다는 안타까운 사정을 접하게 된다. 인천에서 만큼은 더 이상 이러한 사례가 없도록 지역내 통·반장, 사회복지기관 등 인적자원을 적극 활용하여 세심하게 보살피고, 복지 사각지대가 없도록 해야 한다. 또한 생활이 어려운 다문화 및 한부모가정 지원, 심야약국 확대와 함께 경미한 환자의 경우 약사와 상담을 통해 필요한 응급의약품을 퀵서비스로 배달하는 시스템을 도입해야 한다.

〈인재를 양성하고 평생교육 확대〉

인천에도 지역 특성에 맞는 인천과학기술원(INIST)과 해양대학교 설립을 추진해야 한다. 과학기술원(Institute of Science and Technology)은 과학기술원법에 기초하여 설립된 정부 관할 특수대학으로 현재 수도권을 제외한 4곳에 설치되어 있다. 인천에 4차 산업혁명을 대비한 지역인재 양성을 위해 인천과학기술원(INIST)을 설립하고, 부산·목포·제주 등에 있는 해양대학 또는 분원을 인천에도 설치하여 수도권지역 학생의 교육기회를 제공하겠다.

또한 학교 교육이나 기업 내 교육 이외에도 일반인이 평생에 걸쳐 취미, 교양, 능력 향상을 위한 평생교육을 통해 개인의 삶의 질과 도시 전체의 경쟁력을 향상시킬 수 있도록 평생교육을 활성화하고, 글로벌 평생학습도시 가입을 추진해야 한다.

<생활체육활성화로 건강하고 행복한 생활 보장>

생활체육은 신체활동을 통하여 체력을 단련하고 생활에 활력을 증진하는데 있다. 요즘 전생애에 걸친 스포츠 활동에 관심이 높아 생활체육의 개발과 그에 필요한 시설·조직·지도자 등의 확충과 정비가

중요하다.

파크골프장을 구별 1개소 설치하는 등 주민들이 원하는 생활체육시설을 대폭 확충해야 한다. 또한 생활체육 지도자 육성과 다양한 생활체육 프로그램 개발에도 노력해야 한다.

〈농수산물의 안정적 생산·소비 지원과 정주여건 개선〉

강화 및 서해 5도 황금어장에 대하여 어민은 생계를 위해 어장 확대 및 조업시간 연장을 요구하고 있으나, 관련 기관의 반대로 이루어지지 않고 있어 지속적인 협의를 통해 어민의 요구가 이루어지도록 해야 한다.

친환경 안전한 먹거리의 안정적 유통 및 공급을 위한 농수산물유통공단을 설립하고, 도서지역 종합발전계획을 수립하여 체계적 추진과 함께 여객선 준공영제 도입과 강화·옹진지역 도시가스 공급을 확대하여 정주 여건을 개선해야 한다.

특히, 기후변화에 대응하기 위한 도시텃밭, 상자텃밭, 옥상정원 등 도시농업을 확대하여 이산화탄소 흡수와 저감 등 기후환경을 개선하는 것이 아주 시급하다. 이러한 도시농업을 체계적으로 지원하고 육성하기 위하여 구별 도시농업지원센터를 설립해야 한다.

Why
유정복은 왜 정치를 하는가?

- 나는 왜 정치를 하는가?
  - 정치를 하는 이유
  - 국가 지도자의 리더십
  - 정치 지도자의 길 '책임과 진정성'
- 왜 비전 정치인가?
  - 인천의 비전 정치 왜 중요한가?
  - 비전 정치 체계란?
  - 인천의 비전 '시민행복 초일류도시'
  - 인천의 사명 'all ways INCHEON'
  - 인천의 핵심가치 3C '도전·신뢰·헌신'
  - 인천의 중점전략 'ESG 정책과 애인(愛仁) 정책'
  - 조직문화가 왜 중요한가?

Why 유정복은 왜 정치를 하는가?

나는 왜 정치를 하는가?

- 정치를 하는 이유 / 195
- 국가 지도자의 리더십 / 202
- 정치 지도자의 길 '책임과 진정성' / 205

정치를 하는 이유

나는 정치인이다. 정치(政治)는 무엇일까?

국어사전을 보면 '통치자나 정치가가 사회구성원들의 다양한 이해관계를 조정하거나 통제하고 국가의 정책과 목적을 실현시키는 일'이 정치라고 되어있다.

이를 풀이해 보면 "국민으로부터 선택받은 자가 국민으로부터 위임받은 권력을 갖고 각양각색의 국민들을 설득하고 통제해 사회질서를 확립하면서 국가의 정책(선택된 자의 비전)을 추진해 국민을 잘살게 하는 일이 정치다"라고 해석할 수 있다.

〈사진 : 행정고시 합격 후 연수원에서 발표하는 필자〉

나는 애당초 정치인이 아닌 정치권력(국가)의 틀 안에서 정치가 지향하는 목표를 위해 성실히 그 일을 수행하는 공무원이었다. 즉 국민의 공복으로 사회생활을 시작했다.

그랬던 내가 오늘의 '정치인 유정복'이 되기까지의 사연은 이 책 제1장에서 밝힌 바대로 지난 1995년 실시된 첫 지방선거에서 김포군수에 무소속으로 출마해 당선되면서 시작되었다.

열화와 같은 김포주민들의 출마 요구를 보고, 진정한 공직자라면 '나를 필요로 하는 주민들을 위해 내가 할 수 있는 일이 있다면, 나의 모든 것을 던져서 봉사하는 것이 공직자의 도리'라고 판단해 '김포군민과 김포발전을 위해 최선을 다하겠다'는 다짐과 각오로 정치판에 뛰어들었다.

그리고 최선을 다해 김포시민과 김포발전을 위해 내 모든 역량을 쏟아부었다.

그것이 나를 부른 김포시민들의 뜻에 보답하는 길이고 그것이 내가 해야할 사명이었기 때문이다.

이후 나는 국회의원과 두 번의 장관 그리고 민선6기 인천시장을 역임하며 국가 운명을 책임지는 정치인이 되었고 300만 인천시정을 책임지는 시장의 책무를 수행했다.

이러한 과정을 거치면서 나는 나름대로의 정치관을 펼치며 최선을 다해 다른 정치인과 차별화된 자세로 정직하게 직무를 수행했다.

즉 다음과 같은 생각과 자세로 정치를 해왔고 정치를 하려는 것이다.

나는 정치인이다. 즉 정치가 직업이고 이 직업은 자기가 원한다고 할 수 있는 게 아니고 선거를 통해 선택되어야만 권력이라는 틀 안에서 자기의 정치 이상을 펼칠 수가 있는 것이다.

나는 나의 정치 비전 즉 꿈을 실현하고자 정치를 한다.

이 꿈은 개인의 영달을 위한 것이 아니라 국민(시민)을 편안하게 하기 위한 정치실현을 위한 것이다.

그것은 나의 목표고 이상이다.

마치 예술인들이 자신만의 작품을 위해 혼신의 열정을 불태워 하나의 작품을 완성하고 그것이 그 작품을 대하는 사람들에게 행복감을

안겨주기를 바라는 것처럼, 나의 정치가 시민들의 삶을 풍요롭게 하는 데 이바지하고 시민들의 행복감을 상승시키는 데 기여하기를 바라는 것이다.

그러기 위해서는 작가가 자기만의 특색있는 작품을 창조하듯 나는 국민(시민)을 위한 '창조정치'를 하고 싶은 것이다.

그건 표를 바라는 정치가 아니고, 여론을 의식한 정치가 아니고, 보여주기식 정치가 아니고, 자기편의 이익을 위한 정치가 아니고, 진정으로 시민을 위한 정치여야 한다는 것이다.

즉 적당히 주민 입맛을 맞추는 정치가 아니라 미래 이 땅의 주인이 될 우리 후손들과 우리가 터 잡고 사는 이 지역과 현재를 사는 시민들의 편의와 행복한 삶을 위한 창조적이고 계획적이고 실현 가능한 정치여야 한다는 것이다.

그건 시민들께 미래에 대한 청사진 즉 비전을 제시하고 보여주는 것으로부터 시작된다.

소위 지도자라고 하는 정치인은 그것을 설계할 능력이 있어야 하고 생각할 실력이 있어야 하며 그것이 시민에 대한 도리이고 그 정치인의 능력이며 자질이며 여타 정치인과의 차별화인 것이다.

정치인도 상상력이 필요하고 창조적 능력과 과학적 사고 그리고 현실적 경제 감각과 판단력과 결단력이 필요하다.

이러한 능력은 하루아침에 생기는 것이 아니고 축적된 정치경험과 인간성과 지도자적 역량과 내재 된 지식과 실력에서 나오는 것이다.

물론 적재적소에 적합한 전문인력을 배치하고 이들이 능력을 발휘할 수 있게 하는 용인술 즉 지도력이 있어야 가능하다.

나는 군수 때부터 국회의원과 장관과 인천시장을 역임하는 동안 어느 직에 서건 나만의 정치적 꿈을 실현해왔다.

그것은 이미 이 책 앞 장에서 밝혔기에 더이상 언급은 하지 않겠지만 예를 들어 '인천과 중국을 연결하는 해저터널을 구축한다'는 나의 미래 계획과 New 홍콩을 인천에 건설하고 유엔본부를 유치한다는 생각은 유정복이 인천의 미래를 생각하며 설계한 나만의 창조적 비전인 것이다.

내가 정치를 하려는 이유는 바로 이런 것이다.

차별화된 정치! 궁극적으로 내가 속한 정치 지역과 국민(시민)들의 미래를 위해 미리 준비하고 설계하고 실현시켜 '국민(시민)이 편안한 정치'를 실감하도록 하는 것이 목표고 꿈인 것이다.

많은 국민들이 '더럽다'고 하는 '정치'지만 누군가는 해야 하고 그 일을 선택한 나는 국민이 행복해하는 정치를 실현하기 위해 정치를 하는 것이다.

이건 모든 직업인이 자기가 하는 일에 보람을 느끼고 자신과 가족과 사회와 국가와 세계에 작은 한 부분에서 기여하기를 바라듯 나는 정치인으로서 국민을 위한 삶을 사는 것을 천직으로 삼았고, 그것을 가장 보람 있는 목표로 삼았기에 내 모든 것을 바쳐 국민을 위한 정치의 길을 걷고자 하는 것이다.

그러면 이제부터는 조금 더 정치 지도자가 갖춰야 할 자질에 대한 나의 생각을 피력하고자 한다.

국가 지도자의 리더십

대한민국 역대 대통령 중에 성공했다고 평가받는 분을 찾기가 쉽지 않아 보인다. 퇴임 당시나 퇴임 후에 국민적 지지와 존경을 받고 있지 못한 현실을 볼 때 과연 무엇이 근본 문제인지 되돌아봐야 한다.

내가 보는 우리나라 역대 대통령은 급격한 경제·사회적 변화라고 하는 시대 상황에 대처하기 위한 불가피한 선택이었는지 모르지만, 지나친 정치 과잉과 독선이 빚은 결과가 아닌가 생각한다. 즉, 내가 아니면 안 된다는 생각과 내 뜻을 펴려는 정치관을 국정의 우선순위에 두고 일해 온 정치 과잉이 근본 원인이라고 생각한다.

이러한 정치 과잉 때문에 자기 사람, 자기 세력 중심의 국정 운영이 불가피하고 이는 국론 분열과 갈등이라는 비용 지출과 함께 계속 불행한 대통령을 만들어온 것이다.

내가 생각하기에 대통령은 무엇보다 정치 과잉에서 벗어나야 한다. 나의 세계를 이루려는 무리한 욕심도 버려야 한다. 오직 순수하고 진정성 있는 애국심과 국민 행복 그리고 나라의 미래만을 생각하는 일꾼이 되어야 한다.

이렇게 지도자가 가져야 할 가장 기본적인 덕목, 자세, 국가관 등 공직관을 얘기하는 이유는 최소한의 공직관과 정치관을 갖고 있어야 자신 스스로도 중심을 잃지 않고, 국가와 국민을 위해서 일할 수 있는 정치 지도자의 길을 갈 수 있다고 보기 때문이다. 이러한 가치와 신념은 국가 권력을 사유화하거나 독선적인 국정운영에 대한 우려를 불식시켜 준다고 생각한다.

국정운영과 관련하여 진정으로 우리에게 중요한 절대적 가치라고 할 수 있는 국가 안보와 경제, 그리고 정체성의 문제에 대해 우려와 걱정을 하고 있는 국민이 많다는 것이 사실이다.

국가안보는 나라와 국민을 생존케 하는 절대 우선의 국정목표가 되어야 한다. 어떠한 경우에도 이 땅에서의 비극적인 전쟁을 막고 평화를 지켜내야 한다.

이를 위해 지도자의 국가안보 정책은 우리나라의 지정학적인 측면에서 미·중 신냉전 시대의 중요한 '어젠다'이다. 그리고 남북이 대치하고 있는 상황의 대북정책을 어떻게 하느냐에 따라 국가안보는 중요한 결과를 가져오게 될 것이다. 정치인은 국민의 생명과 자유와 재산을 보호할 수 있는 국가를 만들고 유지하는 일을 목표로 삼아야 한다.

이러한 국가 인식의 철학을 가진 정치인이 되기 위해서는 먼저 자신이 봉사하게 될 정치사회, 국가에 대한 확실한 인식이 있어야 한다. 즉 '국가란 무엇인가'라는 질문에 대한 명확한 답변을 스스로 내야 하는 것이다.

나는 내 자신이 정치인으로서 지향했던 국가와 국민을 위한 가치와 신념을 중심으로 공공의 이익과 발전에 만 집중하며 국민으로부터 위임을 부여받고 국가와 국민에게 헌신하는 정치인이 되고자 끊임없이 노력해온 시간들이었다고 생각하고 있다.

정치 지도자의 길 '책임과 진정성'

오늘날 문제의 정치를 해결하기 위해서는 국가와 국민만 바라보는 정치 지도자의 노력이 필요하다. 올바른 국가관을 갖고, 정치의 기본을 지키려는 확고한 신념으로 정치를 한다면, 현실 정치의 많은 문제가 해소될 수 있다.

특히 국가와 국민에 가장 큰 영향력을 행사하는 대통령의 올바른 국가관과 책임이 중요하다. 이와 관련해 문재인 대통령의 정책은 경제, 부동산, 교육, 외교, 안보정책 등에서 실패했다고 본다. 무엇보다 국가의 장래를 생각하고, 국민을 하나로 통합해서 미래로 가고자 하는 확고한 공직 의식의 부재가 가장 큰 실패다.

더욱이 진영 논리에 따른 '편 가르기'와 당장에 개인적 이해관계에 따른 국정 운영은 국민을 고통 받게 하고 정치를 후퇴시키는 매우 심각한 문제였던 것 같다. 이러한 대한민국의 정치현실을 보면서 이제 한번쯤은 당적을 벗어난 대통령이 있어야 된다고 생각해 보았다.

정당은 선거를 통해 권력 쟁취를 목표로 하고, 정당의 이념을 국정에 반영해 구현하는 것이 정당정치이기 때문에 대통령의 당적이탈은 정치논리로는 맞지 않지만 우리의 정치현실로 볼 때 대통령이 정당을 벗어나게 되면, 여야 구분이 없어지고, 대통령은 오로지 국민만을 바라볼 수 있다고 본다.

진영논리와 계파·가신 중심의 기존 정치체계를 진정한 국민중심의 새로운 통치 리더십으로 바꾸는 사고의 혁신이 필요하다. 자기의 지지 세력이 아닌 진정으로 국민만을 생각하는 대통령이 한 번쯤 나와야 한다. 물론 이와 같은 일은 현실적으로 실현이 어려운 일이지만 정치 제도의 정비 못지않게 제왕적 대통령제와 같은 우리나라에서 실질적으로 대통령이 국가와 국민만 생각하며, 진영 논리에 갇히지 않고, 국가 권력을 사적 소유물로 인식하지 않는 기본 인식이 필요하다. 대통령이 이러한 노력을 한다면, 국회와 정당은 자연스레 따라오게 되면서 정치인들도 실질적인 운영 측면에서 정치 발전을 위한 자성과 노력을 할 것이라고 본다.

지도자는 힘들고 외롭다. 그러나 지도자는 '보람'이라는 가치 때문에 의미 있고 행복한 삶을 살아간다.

지도자가 갖춰야 할 덕목에 대해 질문을 받을 때가 많다. 그런 질문을 받을 때마다 나는 '책임'과 '진정성'이라고 답한다.

지도자가 사회를 위해, 나라를 위해, 그 누군가를 위해 자신이 해야 할 책무를 다하는 것보다 더 큰 인생의 가치는 없을 것이다. 그리고 그 '책임'은 사심을 버리고 끊임없이 자신을 되돌아보며 '진정성'을 갖고 자신에게 주어진 책무를 다할 때 그 참 뜻이 살려진다고 생각한다.

Why
유정복은 왜 정치를 하는가?

왜 비전 정치인가?

바람직한 공직관을 바탕으로 미래의 비전을 제시하고 실천하는 것이 궁극적인 정치의 목표요 이상이 되어야 한다. 내가 경험해온 많은 정치 경력 중에서 인천시라는 지방정부는 또 다른 정치의 종합판이기 때문에 인천시의 비전제시는 또한 내가 정치를 하는 이유가 될 것 같아 비전을 제시해 보고 싶다.

성공하고 실패하는 정치의 결정적 차이는 지도자가 진정한 비전정치 체계를 알고 실행하는 지의 여부에 있다고 얘기할 수 있다.

- 인천의 비전 정치 왜 중요한가? / 210
- 비전 정치 체계란? / 212
- 인천의 비전 '시민행복 초일류도시' / 213
- 인천의 사명 'all ways INCHEON' / 216
- 인천의 핵심가치 3C '도전·신뢰·헌신' / 218
- 인천의 중점전략 'ESG 정책과 애인(愛仁) / 220
- 조직문화가 왜 중요한가? / 222

인천의 비전 정치 왜 중요한가?

인천은 한반도의 중앙 서부해안에 위치한 도시로 역사적·지리적 조건으로 인하여 일찍이 세계화의 중요한 위치를 차지해 왔다.

인천은 1883년 개항과 2001년 인천공항 건설로 세계를 포용하는 국제화와 개방화를 지향하는 역사 도시로 '개방성·국제성·역동성·다양성'의 DNA 가치를 가지고 있다.

특히 지리적으로 내륙과 해양을 동시에 접하고 있는 발전 잠재력이 무궁무진한 대한민국 인구 3위 도시이다. 이와 같이 인천의 중요성과 향후 초일류도시로의 발전 가능성은 일차적으로 인천이 갖는 지리적 장점에 기인한다. 인천은 대한민국으로 진입하는 이른바 관문이자 중심으로서 정치, 경제, 사회, 문화적으로 중요한 지위를 가졌기 때문이다.

특히 향후 남북통일 이후에는 한반도의 중심도시가 될 수밖에 없다. 그리고 인천은 글로벌 중심지의 허브공항과 허브항만, 경제자유구역의 국제경쟁력을 갖춘 대한민국의 중심도시이며 세계로 뻗어나갈 '초일류도시'가 될 것이라고 확신한다.

비전 정치 체계란?

공직자나 정치인이 성장해 나가는 데에도 왜 살아가야 하는지(Why), 꿈과 비전은 무엇인지(What), 어떻게 비전을 향해 가야 하는지(How)가 명확해야 한다.

하물며 조직의 많은 구성원들이 미션, 비전, 핵심 가치를 명확히 하고, 공감대를 형성해 나가는 일은 매우 중요한 일이다. 소수 몇 명의 리더에 의한 시정 운영이 아닌 미션과 비전, 그리고 핵심 가치를 중심으로 전개하는 시정 운영 방식을 '비전(가치관·이념) 정치 체계'라 부른다.

인천의 '비전정치' 체계는 대부분의 인천시민과 조직 구성원들의 생각을 한 방향으로 정렬하는 것이다. 그렇다고 구성원들의 모든 생각을 정렬하는 것이 아니라 인천시가 나아가는 방향과 그 속에서 성취할 꿈과 확실한 미래상의 비전(vision)과 인천시의 존재이유와 사회에 주는 가치의 사명(mission)과 인천시 구성원의 행동과 판단의 우선순위인 원칙과 기준인 행동규범과 신조의 핵심가치(core value), 이 세 가지를 한 방향으로 정렬하는 것이다.

인천의 비전 '시민행복 초일류도시'

'비전'은 미래의 확실한 모습으로 인천시민의 꿈을 현실로 이루는데 매우 중요한 핵심 요소로 항해를 할 때 필요한 나침판과 같다.

그러나 대부분의 비전이 현실성이나 방향성도 없고, 형식적인 말뿐이다. 가장 중요한 것은 비전은 구체적이고 명확하면서도 도전적이라 생각만 해도 시민들과 구성원들의 가슴이 뛰고 설레게 하는 것이 제대로 된 비전이다.

'초일류 행복도시 인천'의 비전 전략은 단순해져야 한다. 미래에 '최고의 행복도시가 되겠다.'는 비전과 최고가 되는데 도움이 되는 제도와 정책을 선택해야 한다. 미래에 우리가 최고가 되는데 걸림돌이 되거나 도움이 되지 않는 현안 문제는 '무엇이라도 바꾸겠다.'는 변화관리의 의지와 열정을 가지야 한다. 단 하나 변화하지 않는 것이 있다면 그것은 바로 변화해야 한다는 사실이다. 이것이 혁신 마인드이다.

지구촌의 코로나19 팬데믹으로 인하여 인류가 일찍이 경험해보지 못했던 미지의 새로운 세계로 진입했고, 코로나 변종으로 그 터널 또한 끝을 확신할 수 없는 상황이다.

이런 상황에 과거 시장 재임 시 우리 인천시의 비전을 '인천의 꿈, 대한민국의 미래'라고 수립한 것은 꿈을 실현해서 현실화한다는 의미의 사통팔달 정신 '시민행복 초일류도시'로 재정립하여 인천을 어떻게 변화시킬 것인가? 그리고 조직문화를 어떻게 만들어 갈 것인가? 그것이 인천 발전과 미래의 대한민국을 실현하는 비전이라고 본다.

'인천의 비전'은 사회 변화에 선제적으로 대응할 수 있는 명확하고 미래지향적인 비전으로 '다시 뛰는 인천'을 위한 전략을 수립하여 인천의 도시경쟁력을 한 단계 업그레이드하고, 대한민국의 위상을 높이자는 의미로 비전을 '시민행복 초일류도시'로 정립하여 인천 시민의 삶의 질을 높이기 위한 선제적이고 종합적이며 실행 가능한 정책을 제시하고자 한다.

인천의 사명 'all ways INCHEON'

2016년 6대 시장 재임 시 인천시는 2006년부터 사용되던 인천의 도시 브랜드인 Fly Incheon 대신 '모든 길은 인천으로 통한다'는 'all ways INCHEON'으로 사용하고 있다.

인천은 하늘길, 바닷길, 역사의 길, 문화의 길, 세계로의 길, 미래의 길이 있는 곳이며, '대한민국의 길을 열고 세계로 길을 잇고, 너와 나의 길이 되는 곳이 인천'이라는 것이다.

인천시의 이 브랜드는 대한민국 최초의 은행과 최초의 우체국, 최초의 호텔, 최초의 자장면, 최초의 야구 등 대한민국 최초의 이야기는 인천에서 시작됐고, 결국 인천은 대한민국의 최고가 된다는 '퍼스트 에버(first ever)' 최고주의 정신을 새 브랜드에 담았다.

'사명'은 비전 달성을 위한 존재의 이유이자 사회에 주는 가치로 구성원들에게 자신이 하는 일에 대한 자부심을 심어주어 일에 열정을 다하고 몰입할 수 있도록 동기를 부여 해 준다. 그리고 인천시와 시민들에게 존재이유를 설득력 있게 분명하게 설명하고 선언해야 한다.

인천시 사명은 비전 달성을 위한 존재의 이유와 사회적 가치로 'all ways INCHEON'의 모든 길은 인천으로 통한다는 사통팔달의 정신으로 시민이 행복한 도시를 건설하고 추진하는 것이다.

인천의 핵심가치 3C '도전·신뢰·헌신'

'핵심가치'는 조직의 행동규범이나 신조로 인재상이 된다. 사훈, 교훈, 가훈과도 같은 의미이다. 조직 구성원에게 핵심가치 내재화의 중요한 방법론은 인천의 긍정적이고 성공적인 역사를 이룬 가치를 찾아서 그것을 공유하는 것이다.

인천은 역사적으로 개방성·국제성·역동성·다양성의 가치를 가지고 있다. 인천시의 의지를 하나로 묶는 구심점이 될 핵심가치는 그 무엇보다도 절실하다. 이 내재화되어 있는 가치를 정립해서 선포하고 인천시의 구성원을 대상으로 조직문화를 전파해야 한다.

인천의 내재화 되어있는 개방성·국제성·역동성·다양성에 가치를 둔 3대 핵심가치인 3C의 도전(challenge)과 신뢰(confidence)와 헌신(commitment)은 조직문화로서 인천시의 기준이며 인천시의 철학이다.

300만 인천시민의 핵심가치를 중심으로 하나 된 힘, 이 힘을 경쟁력으로 핵심가치의 조직문화를 원동력으로 제1의 행복도시를 건설해야 한다. 새로운 도전과 새로운 미래, 인천의 새로운 역사 'New 인천시티'는 이렇게 다시 시작한다.

인천은 특히 다른 도시와 달리 전국 각지의 사람들이 모여서 만든 다양성의 도시다. 근대 도시에서는 토박이만을 따지면 안 된다. 근대 도시는 새로운 시민의 합창으로 이끌어가는 공동체이기 때문이다.

많은 이가 모여 새로운 비전 아래 이상과 꿈을 펼치면 다양성이 시너지 효과로 이어지지만 비전이 없으면 다양성은 지리멸렬한 분열로 귀결될 뿐이다.

중점 전략 'ESG 정책과 애인(愛仁) 정책'

'ESG 정책'은 선택이 아닌 생존문제로 인천시의 환경(Environment)을 최우선정책으로 탄소중립을 위한 기후온난화, 온실가스 배출, 폐기물 처리 등 모든 사업에 친환경 성과를 추진하기 위한 시정 역량을 집중해야 한다.

사회(Social)는 시민의 인권, 보건, 안전과 상생, 공공성·공익성 추구를 말한다. 지배구조(Governance)는 인천시 행정기관은 준법, 윤리, 투명시정, 지배구조 건전성의 실행력을 추진해야 한다. 이와 같이 ESG 시정은 시대의 흐름을 알고 대응하는 것이 무엇보다도 중요한 정책이고 시스템이라고 할 수 있다.

'애인정책'은 인천인이 하나가 되도록 공동의 목표를 추구하여 인천에 대한 미래를 설계하고 예감할 수 있어야 한다고 생각해서 구상한 것이었다.

즉, 인천의 주인인 우리 인천시민들이 함께 공유

할 수 있는 정체성을 회복하는 일이라고 할 수 있다. 애인정책은 '인천 주권'으로 인천 재발견, 가치 재창조 정신에 바탕을 두고 추진하고 있는 정책이다. 이 애인정책은 교통·민생·환경·해양·문화·경제·교육 등 7대 주권으로 지속적으로 추진해 나가야 한다.

조직문화가 왜 중요한가?

핵심가치와 조직문화는 조직 구성원의 사고와 행동에 내재된 신념체계라고 할 수 있다. 그러므로 강한 조직문화는 조직의 핵심 경쟁력이다.

조직문화는 유전적인 것에 의한 것이 아니라 학습에 의해서 소속된 조직으로부터 습득하고 전달받은 것으로 구성원들이 공유하는 가치관, 신념, 행동양식, 비상식적 실질적 관행 등을 총칭해서 말한다.

인천의 역사 속에 담긴 긍정적이고 성공적인 가치의 사고와 정신을 구성원들이 강하게 동의하고 공유하여 조직문화를 완성하기 위해서는 핵심가치의 공유와 내재화가 필요하다. 그리고 핵심가치는 조직문

화를 구성하는 핵심이며, 조직 성공의 DNA이다.

비전과 조직문화가 조화를 이루어야 한다.

비전을 성공적으로 실현하려면, 전략적인 관점과 문화적인 관점을 잘 지원해야 한다. 전략적 관점은 무엇을 할 것인가?(What to do?), 문화적인 관점은 어떻게 할 것인가?(How to do?)를 의미한다. 전략적 관점과 문화적 관점이 잘 조화를 이루어야 비전 달성과정이 성공적으로 수행될 수 있다.

지난 역사에서 보듯이 조직문화의 뒷받침 없이 강력한 힘만으로 군림했던 민족이나 국가뿐 아니라 세계적인 기업(SONY, NOKIA 등)도 역사 속에서 사라져 갔듯이 강력한 조직문화의 뒷받침 없이는 인천의 비전을 달성할 수 없다.

이제 우리 인천은 3대 핵심가치를 근간으로 하여 훌륭한 전통과 문화는 더욱 발전시키고, 부족한 점은 보완하여 초일류도시로 만들어

야 한다.

우리의 조직문화는 정치적인 조직목표를 달성하기 위해서 모였기에 서로 동지(同志)라고 한다. 결국 동지는 같은 목표와 뜻을 가지고 활동하는 수평적 사고의 동료의식 개념으로 조직과 사람에 충성하는 것이 아니라 헌신하는 것이다.

시대에 따라 용어가 바뀌거나 신조어가 만들어 지듯이 기업이든 정치 조직이든 '충성'하라는 용어가 20년 전에 사라졌고 '헌신'이란 말로 조직 구성원들에게 신뢰와 배려의 개념을 내포하고 있다.

결국 대한민국의 인천을 벗어나 세계 중심 도시 인천은 시민이 행복한 초일류도시 건설의 비전 전략수립과 추진력과 실행력을 소유한 통찰력 있는 지도자가 필요하다.

그리고 지도자의 리더십도 중요하지만 조직 구성원의 팔로우십도 강조되는 시대이다. 더 중요한 것은 한 비전(One Vision), 한 방향(One Direction)으로 목표달성을 위해 조직 구성원들이 한 팀 플레이(One Team Play)를 하는 팀워크 정신이 강조된다.

지금까지 인천의 비전가치나 비전정치를 체계적으로 정리해 보았다. 이러한 방향과 전략이 인천 발전을 위한 비전으로 실현 되기를 바라는 마음이다.

※ 인천의 도시 브랜드 all ways INCHEON

※ 인천 비전(가지관)정치 체계

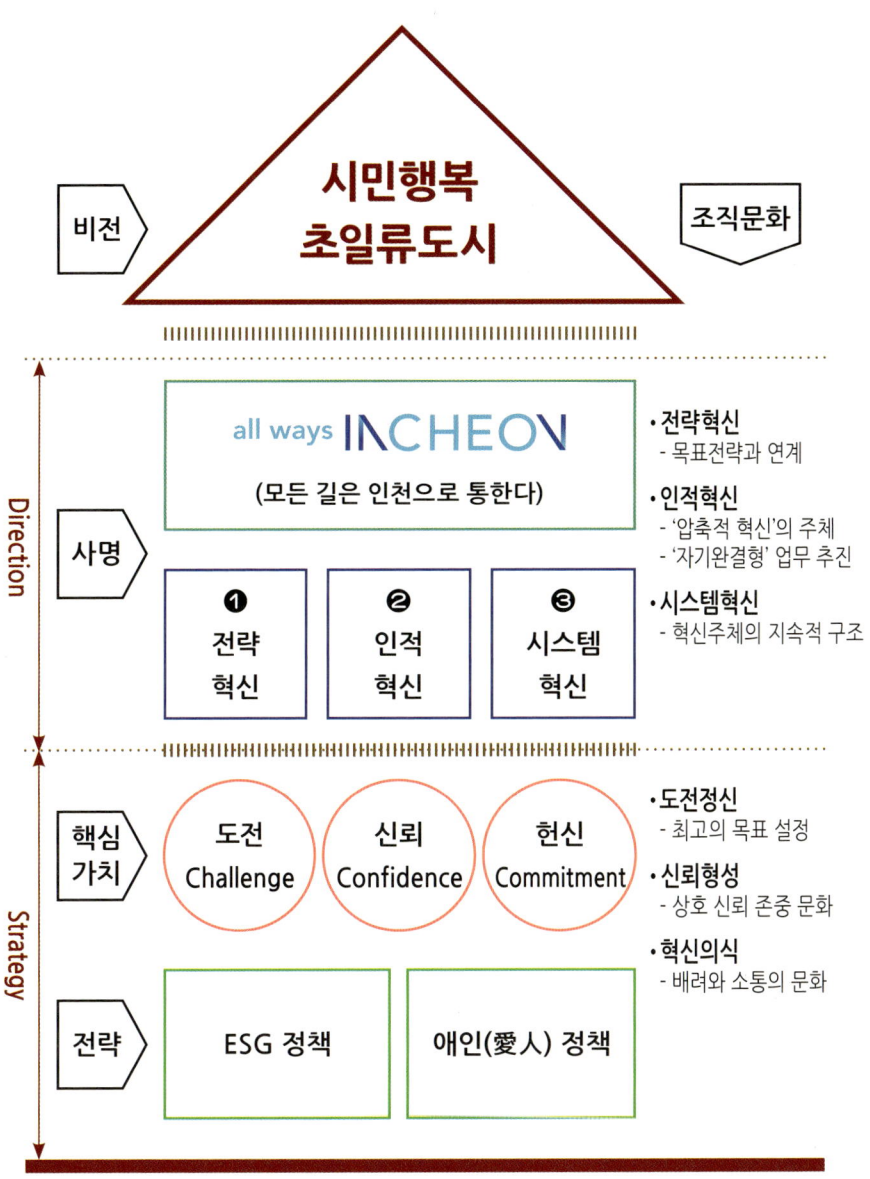

단쓴소리
유정복의 단소리 쓴소리

나는 지난 2018년 6월 13일, 민선7기 인천광역시장 선거에서 시민의 부름에 실패했다.

정치인의 운명은 국민의 선거에 의해 결정된다. 승자는 주어진 기간 동안 자신을 뽑아준 국민을 위해 헌신 봉사하고 임기가 끝나면 다시 선택을 받아야 한다.

정치인에게 낙선은 실패가 아니라 재충전의 기회로써 더 깊이 더 많이 국민을 위해 봉사할 수 있는 체험과 자료수집과 공부하는 기간이기 때문이다.

나 역시 나를 담금질 하며 지난 4년을 보냈다.
여기에 실린 글들은 시장 재임 실패 후 최근까지 페이스북에 올렸던 일상의 소회와 느낌과 정치인으로서 했던 발언을 가감 없이 옮긴 일기와 같은 글이며 시민에 대한 그간의 보고서이기도 하다.

또한 유정복이 언제 어디에 머물던 정치인으로서 주어진 숙명적 사명을 다하겠다는 약속이기도 하다.

모든 것은 제 탓입니다

⟨2018. 6. 14⟩

쉼 없이 달려온 지난 4년이었습니다. 후회는 없습니다.

인천발전을 위해 사심 없이 일해왔기 때문입니다.

그러나 인천의 도약과 시민행복을 위해 더 일해달라는 기대에 부응하지 못해 죄송합니다. 부족함이 있다면 저에게 있을 것입니다.

진실이 승리하지 못한 아쉬움도 저의 부족함 탓으로 겸허히 받아드리겠습니다.

그 어떠한 상황 탓도 하지 않겠습니다.

저의 진심을 이해하시고 함께 해주셨던 모든분들께 마음으로부터 존경과 감사의 인사를 드립니다.

인천시장 이임사

〈2018. 6. 29〉

오늘 저는 민선 6대 인천시장으로서 마지막 인사를 드리고자 합니다.

그동안 아낌없는 성원과 관심을 보내주신 시민 여러분께 감사드립니다. 시민 여러분 덕분에 제가 지치지 않고 여한 없이 일할 수 있었습니다. 정말 감사하고 또 감사드립니다.

돌이켜 보면 스물두 살에 공직을 시작해 오늘에 이르기까지 맡은 바 책임을 다하고자 부단히 노력해 왔습니다. 어떤 자리, 어떤 임무든지 사심 없이 언제나 최선을 다해왔고 적지 않은 성과를 이뤄냈다고 스스로 자부하기에 후회나 아쉬움은 없었습니다.

지난 4년 동안 인천은 정말 기적이라는 말이 과언이 아닐 정도로 많은 문제들을 해결했습니다. 이 자리에서까지 일일이 열거하지 않아도 공직자 여러분이 가장 잘 알고 있을 것입니다. 재정위기를 극복하고 정체되어 있던 현안 사업들을 정상화 시킨 바로 지금이 인천발전과 시민행복 실현의 적기입니다.

우리가 함께 일하고 땀 흘리며 이루어 낸 성과들이 많습니다.

그러나 아직 넘어야 할 산도, 건너야 할 강도 있는 것이 사실입니다.

하나하나가 시민의 행복을 키우고 지역의 발전을 앞당길 일들입니다. 언제, 누가 시작했느냐는 것은 하나도 중요하지 않습니다. 오직 시민만을 생각하며 남은 일들을 잘 해결해주시리라 기대합니다.

비록 이제 저는 인천의 위대한 성장에 직접 힘을 보태지 못하지만 공직자 여러분이 잘 해낼 수 있다고 믿습니다.

그리고 존경하는 시민 여러분, 대한민국에서 유일하게 성장하는 대도시인 인천을 더욱 사랑하고 아껴주십시오.

인천의 정체성과 가능성, 그리고 자랑스러움을 가슴에 새기고, '인천'의 가치를 높이는 일에 함께 해주십시오. 나부터 자신을 아낄 때 내가 더 아름다워지는 것처럼, 우리부터 인천을 사랑해야 인천이 더 좋아집니다.

사랑하는 300만 시민 여러분, 공직자와 유관기관 직원 여러분!

이제 저는 인천시장에서 인천시민으로 돌아갑니다. 사실 딱 한 글자밖에 다르지 않습니다. 지난 4년 동안 언제나 여러분과 함께해온 것처럼 앞으로도 변함없는 마음으로 시민여러분과 함께 호흡하며 살아가겠습니다. 그리고 저 유정복, 저 자신을 되돌아보는 시간을 가지며 어떠한 삶을 살아가야할지 그리고 지역과 국가를 위해서는 어떤 역할을 해야할지 찬찬히 생각해보겠습니다.

따뜻한 격려와 응원을 부탁드립니다. 끝으로 그동안 제게 큰 도움을 주셨던 시민과 공직자 여러분 모두에게 다시 한 번 감사드리며, 인천시의 무궁한 발전과 시민 여러분 모두의 가정마다 건강과 행복이 언제나 가득하시길 진심으로 기원합니다. 감사합니다.

미국 조지워싱턴대학 연수를 떠나며

〈2018. 10. 29〉

시장직을 떠난 이후 그동안 공직자로서 살아오느라 할 수 없었던 경험과 만남을 통해 많은 것을 배우면서 의미 있는 시간을 보내고 있습니다.

이제 더 넓은 시야로 세상을 공부하려고 합니다.

미국 George Washington 대학의 초청을 받아 Visiting Scholar로 당분간 미국 생활을 하게 되었습니다.

미국의 수도 워싱턴 DC에서의 공부와 경험으로 좀더 성숙해질 수 있도록 하겠습니다.

늘 관심과 사랑을 보내주시고 계신 존경하고 사랑하는 모든분들께 저의 진심을 담아 감사와 함께 잊지 않겠다는 말씀을 전해드리며 항상 건강하시고 행복하시기를 기원합니다

미국에서 귀국 인사

〈2019. 7. 18〉

인천시청을 떠난 지 1년이 지나고 미국 생활을 한 지도 8개월이 되었습니다.

이곳 워싱턴에서의 생활은 그동안 숨돌릴 틈도 없이 바쁘게 살아왔던 자신을 되돌아보면서 보다 넓은 시야로 세상을 이해할 수 있었던 소중한 경험이었습니다.

그러나 오늘의 대한민국 현실을 지켜보면서 국민의 한 사람으로서, 특히 오랫동안 공직에 몸담아 왔던 사람으로서 한시도 마음 편히 지낼 수가 없었습니다. 이제 11월까지 예정되었던 조지워싱턴대학에서의 연구 일정을 조기에 정리하고 귀국하여 나라를 사랑하는 국민들과 함께 대한민국의 미래를 위한 진지한 고민과 노력을 기울여 나가려고 합니다.

늘 격려와 성원을 보내주시는 모든분들께 거듭 감사드립니다.

국가 위기 극복에 앞장서겠습니다

〈2019. 9. 9〉

곧 우리의 고유 명절인 추석입니다.

가정마다 한가위 보름달만큼 풍요로움이 가득하기를 소망합니다.

그러나 명절 인사를 드리면서도 마음은 무겁기만 합니다.

미국에서 대한민국의 현실을 보면서 마음이 편치 않아 대학에서의 연구 활동을 조기에 접고 귀국한 지 한 달이 지났습니다.

그동안 인천은 물론 수도권과 충청, 호남과 영남, 강원도 등 전국을 돌며 국민들의 삶의 현장을 확인했습니다.

무너져 내리고 있는 경제와 불안한 안보에 더하여 우리 모두의 존재 가치인 대한민국의 정체성위기를 걱정하고 있는 많은 국민들을 만나보니 생각했던 것보다 심각한 현실을 알게 되었습니다.

문재인 정부는 국민의 안위와 국가의 미래보다는 세상을 편 가르면서 오직 자신들의 정치적 이익에만 몰입하고 있습니다.

국민생활은 피폐해지고 미래의 희망은 나락으로 떨어지고 있습니다. 이러한 상황이 계속된다면 지금까지 힘들게 쌓아온 오늘의 대한민국이 한순간에 침몰할지도 모릅니다.

한마디로 위기입니다. 이 위기를 극복해야 합니다. 저부터 나서겠습니다. 주저하지 않고 할 말은 하겠습니다.

마다하지 않고 할 일은 하겠습니다. 대한민국을 위기에서 구하고 희망열차가 달리도록 길을 내겠습니다.

대한민국을 사랑하는 모든분들과 그 희망의 길을 함께 가겠습니다. 많은분들께서 이해해 주시고 격려해주시고 또 지도해 주시기를 기대합니다.

다시 한번 가족과 함께 행복한 명절 보내시기를 기원합니다.

로얄호텔에서 시국 강연을 마치고

〈2019. 9. 25〉

오늘 시국 강연회에서 또 한 번 가슴 뭉클함을 느꼈습니다.

이렇게 많은분들이 오실 줄은 몰랐습니다. 언론에서 1,000~1,500명으로 보도된 것을 보았습니다만, 주차 등으로 한 시간이나 걸려 그냥 돌아가셨다는 분들 말씀을 듣고는 죄송하기까지 했습니다.

그러나 숫자보다는 정말 나라를 걱정하는 많은 시민들께서 위기의 대한민국을 구해주기를 바란다는 소망과 그 절박함을 느끼면서 저의 비장한 각오를 되새기게 해주셨고 더욱 무거운 책임감을 느꼈습니다.

앞으로 애국 시민들과 함께 제가 할 수 있는 모든 역량을 다해 국민들의 기대에 부응하겠습니다.

오늘 함께 해주신 분들과 비록 참석하지 못하셨지만 한결같은 마음으로 응원해 주신 모든 애국 시민들께 진심으로 감사드립니다.

가자! 광화문으로

〈2019. 10. 3〉

'오늘은 국민의 힘을 보여주는 날, 가자! 광화문으로'

오늘이 바로 '국민 이기는 정부 없다.'는 역사의 경험법칙을 보여주는 날입니다.

이렇게도 국민을 무시하면서 한 번도 경험해 보지 않은 나라를 만들겠다는 위험천만한 난폭운전으로 우리의 생명과 행복을 위협하고 있는 문재인 정권을 그대로 두고 볼 수는 없습니다.

대한민국을 위기에서 구해내는 유일한 길은 국민 모두가 나서 문재인 정권을 끝장 내는일 뿐입니다. 우리 애국 시민 모두 구국의 대열에 함께 합시다!

저도 12시에 서울시청역 4번출구 프레스센타 빌딩 앞에서 집결하는 애국 인천시민들과 함께하겠습니다.

자유공원에서 광화문에서 구국의 깃발을

〈2019. 10. 7〉

'10월 8일에는 자유공원에서, 10월 9일에는 광화문에서 구국의 깃발을 듭시다'

지금 대한민국의 헌법정신인 자유민주주의와 시장경제체제가 무너지고 있는 참담한 현실을 보고 있는 애국시민들의 걱정은 인내의 한계를 넘어서고 있습니다.

게다가 오직 자신들의 정치권력 유지와 연장만을 위해 진실과 정의마저 왜곡하면서 진영 구축에 몰두하고 있는 집권 세력의 행태를 보면서 국민들은 분노하고 있습니다.

피땀으로 이룩한 우리의 자유민주주의 국가 대한민국을 지켜내는데 애국시민 모두가 나서야만 합니다.

저도 지난 광화문 애국집회에 이어 10월 8일 오후 1시 반의 인천 자유공원 집회와 10월 9일의 광화문 애국집회에 나가 투쟁하겠습니다.

애국 시민 모두 함께 합시다.

세상 이야기(1)

〈2019. 10. 16〉

이제부터 〈유정복의 세상 이야기〉를 들려 드리도록 하겠습니다.

건전한 사고를 갖고 있는 사람이 상식과 원칙대로 살아갈 수 있는 좋은 사회를 꿈꾸며 오늘의 세상사에 대해 제가 보고 느끼는 바를 솔직 담백하게 정리해 보겠습니다. 많은 격려와 함께 건강한 비판 의견도 주시면 감사하겠습니다.

*유정복의 세상 이야기[1]

〈문재인 정권, 끝날 때까지 끝난게 아니다〉

조국사태는 사퇴로 문제가 끝난 것이 아니다.

위선자 조국은 떠났어도 '이상한' 대통령은 남아 있으니 말이다.

대한민국 위기의 본질은 한번도 경험해 보지 못한 나라를 만들겠다는 문재인 대통령의 '이상한' 국정운영에 있기 때문이다. 이상하다고 표현하는 것이 무례하다고 생각할 지 모르지만 위험천만한 대한민국의 현실을 볼 때 결코 과한 표현이 아닐 것이다.

인생은 곧 '만남'이다. 좋은 만남은 행복을 가져오고 나쁜 만남은 불행으로 연결된다.

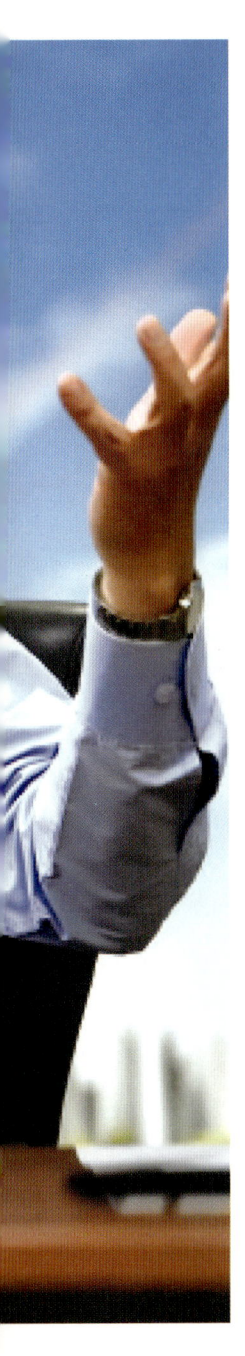

무지하고 무능한 사람을 만나면 힘들지만 참기도 하고 가르치기도 하면서 그런대로 살아갈 수 있지만, 이상한 사람을 만나면 속이 터지고 화가 치밀어도 그야말로 대책이 무대책이 되어 불행을 피해 가기가 어렵다.

가정에서도, 일터에서도 다 같다. 하물며 막강한 권력을 갖고 있는 국가 지도자가 이상하다면 국민은 어찌해야할지, 또한 그 나라의 장래는 어떻게 될지 심히 걱정하지 않을 수 없지 않겠는가?

'이상한 사람'은 지식이나 능력이 부족한 사람이 아니라 건전한 상식으로는 이해할 수 없는 언행을 하거나 자기만의 도그마에 빠져 진실 조차도 외면하는 사람을 말한다.

조국의 온갖 비리에 국민이 분노하고 좌절해도 아랑곳하지 않고 장관 임명을 강행하고, 이에 저항하는 국민의 소리는 못 들은척 하면서 국론분열이 아니라고 강변하고, 지지율 하락에 떠밀려 장관 퇴진에 이르는 상황에서도 이 사태의 본질이 마치 검찰 탓, 언론 탓인 것처럼 말하는 대통령은 이상한 사람 아닌가?

모든 경제 지표가 최악으로 치닫고 있는데도 우리 경제가 좋은 방향으로 가고 있고, 고용의 질과 양이 뚜렷이 개선되고 있다고 말하는 대통령은 이상한 사람 아닌가?

우리의 생명과도 같은 자유 민주주의 헌법 체제를 수호해야 할 대통령이 주사파 간첩 신영복을 존경한다고 하고, 6.25전쟁의 원흉 김원봉을 국군의 뿌리라고 말하며, 사회주의자임을 자처하는 사람을 법무부 장관에 임명하는 것을 보면 이상한 사람 아닌가?

북한이 핵실험을 하고 미사일을 쏘아대도 평화 타령만 하고, 오지랖 피지 말고 정신 차리라고 해도 아무 소리 못 하는 지도자는 이상한 사람 아닌가?

지소미아 파기는 한일관계 악화는 물론 한미동맹 균열까지 가져와 국익에 반하는 결정인데도, 국익을 생각한 결정이라고 우기고 있으니 이상한 대통령 아닌가?

전문가들이 원전 폐기나 한전의 대학설립이 얼마나 국가재정에 악영향을 미치는 무모한 일인지를 지적해도 들으려 조차 않으면서, 오히려 빚내어 퍼주기하는 무책임한 선심성 예산을 편성하는 대통령은 이상한 사람 아닌가?

그런데 더 큰 문제는 문재인 대통령의 이상한 국정운영을 얘기하면 잘못을 인정하기는 커녕, 잘못은 과거 정부 탓이요, 언론 탓이요, 야당 탓이요 하면서 내심 자기를 지지하지 않는 국민들 때문이라고 생각하고 있다면 정말 이상한 사람 아닌가?

그래서 문재인 대통령이 만들겠다고 하는 '한번도 경험해 보지 못한

니라'가 어떠한 나라인지 불안하고 두려운 것이다.

우리는 문재인 대통령에게 우리를 실험대상으로 하라고 한 적이 없고 우리의 자유와 행복을 앗아 갈 권한을 준 적이 없지 않는가?

이제 우리 스스로 위기를 극복하고 희망을 만들어 가야 한다. '국민 이기는 정부는 없다'는 역사의 경험법칙을 믿는다. 진실이 거짓과 위선을 이긴다고 믿는다.

국민이 깨어나 상식과 정의가 살아 숨쉬도록 행동할 때 우리의 자유 대한민국을 지켜낼 수 있다고 굳게 믿는다. 조국 사태의 결말이 그 믿음의 증거다.

세상 이야기(2)

〈2019. 10. 22〉

〈유정복의 세상이야기〉를 시작한 후에 많은 분께서 격려와 함께 좋은 의견을 보내주셔서 감사합니다.

사실 세상 이야기는 정치 문제에서 벗어나 일상생활 속에서 밝고 희망적이고 재미있는 이야기를 해 나가는 것이 좋다고 생각합니다만, 워낙 현 시국이 엄중하고도 심각하다고 생각하기 때문에 다소 무겁더라도 국가 얘기, 정치 얘기를 하지 않을 수 없음을 이해해 주시기 바랍니다.

*유정복의 세상 이야기[2]
〈정치인의 책임의식〉

정치인은 자신의 실수나 과오로 인한 책임은 물론이고, 때로는 자신의 잘잘못을 떠나 결과에 대해서도 책임을 져야 한다.

박근혜 대통령은 논란이 되고있는 탄핵 과정이나 내용의 실체적 진실을 떠나서 문재인 정권의 탄생을 가져 오게 했다는 사실만으로도 결과론적 책임에서 벗어나지 못하고 있으면서 가혹한 고통과 시련의 시간을 보내고 있는 것이 참담한 현실 아닌가? 박근혜 대통령과 함께 국정에 참여했던 모든사람들 역시 이유 여하를 막론하고 오늘의 정치 상황을 초래케 한 데 대해 결과적인 책임이 있다.

나 역시 박근혜 정부에서 장관을 지내고 광역단체장을 지낸 사람으로서 정치적 책임에서 자유롭지 않다. 탄핵 당시 인천시장 이었기 때문에 직접적인 관련이 없다고 해서 책임이 면해 지는 것은 아니다.

그래서 그동안 진솔하게 자신을 되돌아보면서 지내왔고 또 시국강연회 등을 통해 반성과 사과 입장을 표명한 바도 있으며, 지금은 사죄하는 마음으로 위기에 처한 대한민국을 구하기 위해 할 수 있는 모든 책임을 다하려고 노력하고 있다.

같은 맥락에서 이유와 명분을 떠나 당시 탄핵 과정을 통해 문재인 정권을 탄생시킨 정치인들도 깊은 성찰과 함께 책임의식을 가져야 한다. 그런데 최근 유승민 의원이 '탄핵 인정' 운운하며 자신은 전혀 책임이 없는 것처럼 행세하는 것은 겸손하지 못하고 여전히 이기적인 정치인의 모습만을 보여주고 있어 안타깝다.

게다가 지금은 오직 문재인 정권을 끝장내고 자유 대한민국을 지켜나가는데 모든 정치 역량을 집중해야 하고 책임 있는 위치에 있는 정치인 일수록 자신을 내려놓는 희생과 헌신이 요구되고 있는 엄중한 시기에, 때 이르게 대권에 대한 의사 표현을 거침없이 얘기하고 있는 것은 자신의 존재감을 높이는 계산만 하고있는 것 같아 씁쓸하기만 하다.

모든 문제를 자신부터 돌아보고 겸손하게 책임지는 자세로부터 시작하여 정국의 해법을 제시해 나가는 것이 상처받고 있는 국민에 대한 도리이며 그가 얘기하는 바른 정치의 출발점이 아닐까 한다.

일반적으로 정치인의 치명적 오류와 모순은 신랄하게 현실을 비판하면서 자신만은 예외에 두고 있다는 점이다.

조국씨가 보여준 행태는 그 대표적인 예이다. 정치가 국민으로부터 불신 받고 외면 받는 것은 무능과 부패의 문제 못지않게 바로 이러한 위선과 이기주의 때문이라고 생각한다.

그러면 지금 문재인 대통령의 경우는 어떠한가? 문재인 정부가 한 번도 경험해 보지 못한 나라를 만들겠다며 이상한 국정운영을 하고 있다는 지적은 이미 지난번 이야기[1]에서 기술한 바 있다. 문재인 대통령은 오늘의 국가상황에 대해 진정성 있는 반성과 책임은 커녕 남탓으로 일관하고 있어 국민들로서는 그의 지도자로서의 기본 자질에 대해 매우 의심하지 않을 수 없다.

더욱이 문재인 대통령은 현재의 국정실패의 결과 뿐만 아니라 원인제공자라는 점에서 그 책임의 정도가 매우 중대한데도 말이다.

조국 사태로 국론 분열은 물론 엄청난 국력 소모와 손실을 가져오게 한 당사자인 문 대통령은 진심어린 반성도 없고 문제를 치유하기 위한 노력도 보이지 않으면서 이 모든 일 들이 마치 야당 탓, 언론 탓인 것처럼 남 탓만 하고 있기 때문에 국민들의 상처는 치유되기 어렵고 분노도 쉽게 가라 앉지 않을 것으로 보인다.

이러한 상황에서는 오직 국민의 힘으로 대통령이 국정운영 방식을 바꾸도록 해야 하는데, 대통령이 여전히 꿈쩍도 하지 않고 있으니 국민은 어찌 해야 할지 정말 난감하기 그지없다.

그럴수록 우리는 분연히 일어나 투쟁에 나서야 한다. 현실을 정확히 이해하고, 아는 것을 국민들에게 널리 알리고, 필요한 행동에 나서는 일밖에 더 있겠는가?

10월 25일 광화문 국민총궐기대회에 모두가 참여하여 무서운 국민의 힘을 보여주어야 한다. 국민의 힘이 얼마나 강력하고 무서운지를 보여주어야 한다. 나가자! 싸우자! 이기자!

세상 이야기(4)

〈2019. 10. 26〉

*유정복의 세상 이야기[4]

〈박정희 대통령 40주기를 맞아〉 10월 26일,

오늘은 박정희 대통령 서거 40년이 되는 날이다.

서거 다음날인 1979년 10월 27일 행정고시 시험 열흘을 앞두고 연세대학교 고시실에서 밤샘 공부를 한 나에게 전해진 그날 새벽의 박정희 대통령 서거 소식은 매우 충격적이어서 그 당시 상황이 지금도 또렷하기만 하다.

오늘 현충원 추도식은 박정희 대통령 시대가 갖는 역사적 의미와 오늘의 현실을 다시 한 번 생각하게 하는 자리였다. 역사는 보는 시각에 따라 다양한 평가와 해석이 있을 수 있겠지만 박정희 대통령이 5,000년 가난을 물리치고 오늘의 대한민국 성장과 발전의 기틀을 만든 소위 한강의 기적을 이룩해 놓았다는 것은 부인할 수 없는 사실이다.

이승만 대통령이 자유민주주의를 이념으로 대한민국을 세운 건국 대통령이었다면, 박정희 대통령은 과학기술 진흥과 공업화로 오늘의 경제 강국을 만든 산업화 대통령이었다는데 이론의 여지는 없다하겠다.

그래서 우리는 지금과 같은 자유민주주의 체제에서 소득 3만불 시대를 구가하며 살고 있는 것이다.

그러나 문재인 대통령은 위대한 업적을 남긴 두 대통령을 존경하지는 못할망정 인정조차 하지 않으면서 폄훼·왜곡하고 있는데 참으로 유감이다. 문재인 대통령의 이러한 잘못되고 독선적인 역사관이 오늘의 대한민국 위기를 가져오고 국민을 분노케 하고 좌절하게 하는 것이다.

어제 광화문에 나가 애국시민들과 함께하면서도 이러한 국민들의 분노를 다시 한번 확인할 수 있었다. 철야 집회에서의 춥고 배고프고 힘든 것은 참을 수 있어도 자유 대한민국이 무너지고 있는 현실 앞에서 우리의 미래에 대한 두려움과 무서움만큼은 참아내기 어려워 나왔다는 많은시민들을 만나면서 가슴이 아파왔다.

누가 이 많은 사람들을 광장으로 나오게 했고 밤을 새워 가며 기도하게 하였는가? 대한민국의 역사를 부정하고 자유 민주주의 체제와 시장 경제를 무너뜨리며 대한민국의 헌법 정신과 가치를 훼손하고 있는 사람, 바로 문재인 대통령이 국민들을 광야로 내몰고 있지 않은가?

어제밤 광화문 광장에서 밤샘하며 기원했던 '대한민국을 위기에서 구해주소서'라는 기도가, 오늘 현충원 추도식에서 어느 분이 말씀하신 '염치없지만 하늘에 계신 박정희 대통령께서 한강의 기적을 넘어 지금의 위기를 극복하는 지혜를 달라'는 간청이 이루어지기를 소망해 본다.

지속적인 외국 인사와 한국미래 논의

〈2019. 10. 29〉

미국에 있을때는 물론이고 귀국해서도 외국인사들과 만나 대한민국이 처하고 있는 현실과 미래에 대해 이야기를 나누고 있습니다.

미국의 유력 인사들과 주로 한·미 관계의 중요성을 얘기하면서 한·미 동맹은 양국의 국익을 위해서 뿐만 아니라 동북아의 안정과 평화를 위해서도 매우 필요한 관계라는 점을 강조하고 있는데요, 미국의 인사들도 공감하고 있습니다.

그러나 우리의 현실은 매우 불안한 징후가 있기때문에 걱정이 되고 있습니다.

최근에 카즈미르 박사를 만나 대화한 사실이 보도되자 관심을 갖고 궁금해 하시는 분들이 많은데요, 지금으로서는 향후 진전된 사항을 가지고 말씀드리는 것이 좋겠다고 생각하고 있습니다. 양해 부탁드리며 앞으로도 관심 가져주시기를 바랍니다.

세상 이야기(5)

⟨2019. 11. 4⟩

*유정복의 세상 이야기[5]

⟨정치적 목적의 공무원 증원은 국가적 재앙⟩

문재인 정부에서 각종 선심성 예산 퍼주기 정책으로 나라가 골병들어가고 있다.

특히 내년도에는 세수가 줄어드는데도 빚을 내가며 513조의 초슈퍼예산을 편성하였는데, 과연 이 정부가 국민이나 국가의 미래를 생각이나 하고 있는 것인지 모르겠다.

이대로 가면 미래가 어떻게 될지 암담하기만 하다.

이런 무책임한 재정운영에 있어서 공무원 증원정책은 가장 심각한 문제를 안고 있는 폭탄이다.

문재인 정부는 내년도 국가 공무원 1만 8,815명을 증원한다고 하는데, 지방 공무원 1만 5,000명 증원을 합하면 약 3만 4,000명의 공무원이 새로 임용된다. 문재인 정부는 대통령 임기 중 모두 17만 4,000명의 공무원을 증원하겠다고 공약하였다.

공무원 증원의 명분이 청년실업 해소와 대국민 서비스 향상이라고 한다.

한마디로 이러한 무책임한 공무원 증원은 미래의 국가 재앙이다. 정말 눈꼽 만큼이라도 나라의 미래를 생각하는 것인지 묻지 않을 수 없다. 일자리를 만들기 위해 공무원을 증원한다는 것은 국민 돈으로 인심 써서 정치적 이득을 보겠다는 무책임하고 부도덕한 비양심적인 국정운영의 전형이고 결국 국가 재정 파탄을 가져오는 최악의 정책인 것이다.

우선 공무원 증원에 따른 재정부담이 어떠한지 알아보겠다.

국회 예산처 분석에 의하면 17만 4,000명 공무원의 향후 30년간의 인건비만도 약 327조 원인데 여기에 건물과 사무비용, 행정비용 등 기타비용에 공무원 사망 시까지 지급해야 하는 공무원 연금까지 계산하면 엄청난 예산이 들어가게 되는 재정부담이 된다.

그런데 단순한 예산 투입으로 인한 국민부담 못지않게 공무원이 늘

어나게 될 때 발생하는 규제 비용이 매우 크다는 점이다.

즉, 일자리 만든다고 임용된 공무원이라도 무엇인가 일을 해야하기 때문에 국민 생활에 과도하게 간섭하는 규제가 발생할 수밖에 없는 것이고 이로 인한 기업과 국민의 피곤함은 물론 상당한 비용이 발생하는 것이다.

일자리는 정부가 규제를 혁파하고 기업환경을 개선하여 기업이 만들어야지 정부가 국민 돈으로 만든다는 것은 한참 잘못된 것이다. 천문학적인 재원을 대통령이 부담하는가? 아니면 하늘에서 떨어지기라도 하는 것인가?

국민이 부담하는 것이고 특히 미래세대가 부담해야 하는 것 아닌가? 5년 임기의 대통령이 수십 년, 수백 년의 국민 부담 예산을 멋대로 당겨 써도 된다는 말인가?

공무원은 한 번 임용하면 되돌릴 수 없는 것이며, 국민들의 고통과 후회도 되돌릴 수 없다. 공무원 출신으로 중앙정부와 지방정부 살림을 맡아 일했던 사람으로서 문재인 정부의 이러한 무책임한 정책이 얼마나 미래의 큰 재앙이 되는지에 대해 다시 한번 국민들의 깊은 이해가 있기를 바라며, 이러한 무책임한 정책을 밀어붙이는 문재인 정부를 끝내는 것 말고는 답이 없다.

세상 이야기(6)

〈2019. 11. 9〉

*유정복의 세상 이야기[6]

〈반환점을 돈 문재인 대통령에 대한 바람〉

오늘은 문재인 정부가 반환점을 도는 날이다.

대통령과 비교할 수는 없겠지만 한 지역이나 기관을 경영해본 작은 지도자였던 사람으로서 대통령께 고언을 드리고 싶다. 나는 3년여의 군 복무 기간을 빼고도 33년간을 공직자로서 살아왔고,

그 중 15년을 시장·군수·구청장과 장관·광역시장 등 기관장으로 일해온 사람이다. 대단히 영광스럽게 생각하고 있지만 솔직히 고백 하건데 정말 외롭고 힘든 고난의 시간들이었다. 그만큼 지역과 기관을 책임진다는 것이 어렵고 힘든 것이다.

돌이켜 보면 성취와 보람의 순간들도 많았고 자신의 부족함으로 아쉬움을 느껴야 하는 일도 많았다. 그러나 부끄럽거나 후회하지는 않는다고 감히 얘기할 수 있는 것을 큰 위안으로 삼고 있다.

이렇게 말하는 것은 내가 특출난 능력의 소유자라서가 아니라 지도자로서의 공직 철학 만큼은 분명히 갖고 있었다는 점을 얘기하고 싶

어서이다.

어떠한 경우에도 공직을 사적 이익이나 목표를 위한 수단으로 삼아 본 적이 없었고, 훗날 부끄럽지 않은 지도자로 평가받겠다고 수없이 다짐하면서 살아왔다.

그런데 지금 문재인 대통령은 어떠한 국정 철학을 갖고 있는지 모르겠다. 문재인 대통령이 이끌어 온 우리 대한민국의 지난 2년 반이 어떠했는지를 살펴보면 국정 철학을 알 것 같다.

적폐 청산과 과거 부정에 매달려 국가의 성장동력은 상실되었다.

반시장, 반기업 경제정책으로 국민 생활은 활기를 잃어가면서 자유 시장 경제의 기본 틀은 붕괴 되었다.

안보 해체와 국가정체성 파괴로 대한민국의 헌법 가치와 정신이 흔들리고 있다. 여기에 더하여 극심한 편가르기로 국민 가슴을 멍들게 하고 터무니없는 거짓말로 국민에게 상처를 주고 있다. 대한민국이 경험해 보지 않은 국가 위기에 빠져 있는 것이다.

앞으로 2년 반도 지금과 같은 국정운영이 계속되어 대한민국이 후퇴하거나 침몰한다면 그 책임은 누구에게 있는 것이고 그때 문 대통령은 어떠한 입장에 서게 될 것인가? 문재인 대통령은 반환점을 돈 시점에서 지나온 2년 반을 진지하게 되돌아 보고 앞으로의 2년 반 국정운영을 심사숙고해야 할 것이다.

국가를 개인의 사유물로 생각하거나 국민을 정치적 실험대상으로 생각할 것이 아니라 오직 국가와 국민을 위해 지도자가 존재할 뿐이라는 것을 알게 되기를 바라는 마음 간절하다. 대통령의 권력은 유한하지만 국가와 국민은 영원한 것이다.

문재인 대통령이 취임사에서 밝힌 대로만 해주기를 바라는 마음에서 취임사 핵심 내용을 상기시켜본다.

"오늘부터 저는 국민 모두의 대통령이 되겠습니다. 저를 지지하지 않은 국민 한분 한분도 저의 국민이고 우리의 국민으로 섬기겠습니다."

"청와대에서 나와 광화문 대통령이 되겠습니다. 퇴근길에는 시장에 들러 마주치는 시민들과 격의 없는 대화를 나누겠습니다."

"분열과 갈등의 정치를 바꾸겠습니다. 보수와 진보의 갈등은 끝나야 합니다."

"고르게 인사를 등용하겠습니다. 저에 대한 지지 여부와 상관없이 유능한 인재를 삼고초려해 일을 맡기겠습니다."

"약속을 지키는 솔직한 대통령이 되겠습니다. 잘못한 일은 잘못했다고 말씀드리겠습니다."

세상 이야기(7)

〈2019. 11. 25〉

*유정복의 세상 이야기[7]

〈속지 말고, 설마하지 말고, 설득하자〉

22일 밤 인천에서 고성국 박사와 함께한 토크쇼 생방송의 음질이 안 좋아 내용 이해가 어려웠다는 분들이 많았습니다. 그래서 방송의 핵심 내용을 정리해 드리고 후반부 방영되지 않은 내용은 음질이 괜찮기때문에 첨부해 드리겠습니다.

우선, 토론 내용 중 먼저 황교안 대표의 단식과 관련해서는 당대표가 나라가 잘못되어가는 것을 막기 위해 죽기를 각오하고 단식하는 만큼, 있는 그대로 이해하고 공감해야지 여권 인사들이 얘기하듯 비판과 조롱으로 평가 절하해서는 안되고 우리 애국시민 모두가 좌파정권을 끝장내는 데 힘을 모아 나가는 기회로 삼아야 한다는 것을 말씀드렸습니다.

둘째로 당의 쇄신을 위해서는 당에서 제시한 50% 이상 공천 물갈이를 포함한 강력한 쇄신이 필요하다는데 동의하면서, 공천 배제를 넘어 참신하고 유능한 인재영입과 함께 국민공감이 이루어질 수 있는 당의 진로나 정책, 이미지 쇄신이 함께 이루어지는 대혁신이 절대적으로 필요하다고 보고 또 한편으로는 통합도 필요한데 통합 이전에 오늘의 국가위기 사태가 초래된데 대해 모두의 반성과 사과 그리고 책임지는 자세를 갖는 것으로 부터 출발해야 한다는 것을 강조 하였습니다.

내년도 총선과 관련해서는 선거법 개정 여부와 당의 쇄신·통합 등의 변수 외에도 문재인 정부가 예산을 갖고 유권자를 유혹하는 등의 각종 포퓰리즘 정책에 더하여 김정은 카드를 극적으로 활용하는 정치 이벤트 등이 예상되기 때문에 결코 쉬운 싸움이 아님을 알아야할 것이라고 생각하여 이러한 문재인 정권의 총선전략에 절대 속아서는 안 되고 설마 자유민주주의 체제가 무너지겠느냐 하면서 방심해서는 안 되며 결국 문재인 정권을 저지하기 위해서는 주변의 모든 분들께 현 정부의 실상과 함께 우리가 해야 할 일들을 설득해 나가는 것이 필요함을 강조하였습니다.

즉, '1. 속지 말고 2. 설마 하지 말고 3. 이웃을 설득하자'는 것이 저의 주장입니다.

세상 이야기(8)

⟨2019. 12. 1⟩

*유정복의 세상 이야기[8]

⟨한해의 마지막 달력을 열면서⟩

어김없이 찾아오는 세월의 흐름속에 한 해의 마지막 달력장을 열면서 지난 한 해를 되돌아 본다.

그럭저럭 한 해를 보낼 수 있었던 것에 대해 감사해야 하겠지만, 사회적 갈등이 심화되고 국민 고통 지수가 커져 왔던 금년 한해의 참담한 현실에 무겁고 속상한 마음만이 남은 것같다. 그리고 12월을 맞으면서도 새해의 희망을 얘기할 상황이나 여유도 없이 휘몰아치고 있는 정국의 변수들로 국민들은 가슴 조이며 불안해하고 있다.

정치는 국민들을 편안케 하는 것이 궁극적인 목표인데 거꾸로 국민들을 불안하게 하고 끊임없는 갈등의 소용돌이로 몰아넣고 있으니 도대체 그 책임은 누구에게 있는 것인가? 권력을 가진 자가 그 책임이 있다고 단언코 얘기하겠다.

그 권력이 국가와 국민을 위해 사용되지 않고 자신과 자신의 진영을 위해 사용될 때 권력은 사유화되고 곧 독재화 되는 것이다. 정치 지도자가 갖춰야 할 제1의 덕목은 자신은 국가와 국민을 위해 존재하

는 것이지 국민이 자신을 위해 존재하는 것이 아니라는 공직 철학을 갖는 것이다.

굳이 대한민국 헌법 제1조에 규정된 '모든 권력은 국민으로부터 나온다'는 얘기를 들먹이지 않더라도 민주주의 기본원칙이 국민에게 권력이 있지 정치 지도자 자신에게 있는 것이 아니다.

그런데 이러한 공직 철학을 갖고 있지 않은 정치인이 권력을 잡으면 착각을 하거나 오판을 하거나 아니면 권력에 취해 민주주의 기본원칙이 무시되어 결국 국민의 고통과 국가의 쇠락으로 이어지게 된다.

지도자 잘못의 핵심 요소는 무지와 무능 그리고 무책임이다.

지도자가 무지하거나 무능하면 국가와 국민에게 해를 끼치게 되어 결과적으로는 죄가 되지만 죄를 묻기에는 한계가 있다. 그러나 지도자의 무책임은 용납할 수 없는 죄악이다.

정치 지도자의 '무책임'이라는 것은 자신의 정치적 이익을 관철하기 위해 거짓말도 서슴치 않으며 국민의 행복과 나라의 장래를 생각하는 말을 하지만 사실은 자신의 이익과 미래만을 생각하는 정치행태를 말한다.

지금 우리의 현실은 어떤가?

현 정권은 선거 승리와 권력 유지를 위해 선거법 개정과 공수처법 처리에 올인하고 있고, 국민 세금도 모자라 미래세대의 부담인 빚까지 내가며 선심성 재정정책을 펴고 있는데 이것은 국가재정을 사적 재산으로 인식하는 부도덕한 정치 행위이고 결국 나라를 망하게 하는 길로 가게 하는 나쁜 정치의 전형이라는 것은 베네수엘라를 비롯한 좌파 포퓰리즘 정권들이 보여주고 있는 역사의 경험 아닌가?

지금이라도 문재인 정권이 정신차려 국가와 국민을 먼저 생각하는 정부가 되기를 바라는 마음이지만, 기대하기 어렵다고 볼 때 야당의 지혜롭고 강력한 정치역량 발휘가 있기를 바라고, 이 또한 한계가 있다면 국민들이 나라를 지키고 자신을 지킬 수밖에 없지 않겠는가?

그래서 문재인 정권의 위선과 거짓, 그리고 선심 정책과 선거용 정치 이벤트에 속지 말고, 설마 나라가 잘못되기야 하겠는가 하며 방심하지 말고, 우리의 현실과 미래에 대해 적극적으로 주변에 알리고 설득하자는 말씀을 드리고자 한다.

속지 말고, 설마 하지 말고, 설득하자.

세상 이야기(9)

〈2019. 12. 6〉

*유정복의 세상 이야기[9]

〈역대급 거짓말〉

"문재인 청와대는 거짓말을 안 한다."

청와대 국민소통수석의 말이다. 이 말은 최고의 거짓말로 역사에 기록될 것이다.

문재인 정부에서 쏟아내는 대국민 거짓말은 양적으로도 질적으로도 가히 역대급이다. '고용의 질과 양이 뚜렷이 개선되고 있다'고 한 말이 '거짓말의 질과 양이 역대 최고 수준이다'로 들린다.

경제 지표가 모두 하락하였는데 '경제가 좋아지고 있다'고 우기고 있고, 문재인 정부 들어 땅값이 2천조 올랐는데도 '부동산 가격이 안정돼 있다'고 하며 'GSOMIA 파기가 국익을 위한 결정이다'라고도 하며 '우리 정부는 적폐수사 와 재판을 기획하거나 관여하지 않았다'고 주장하고 있다.

문재인 대통령이 취임사에서 말한 '국민 모두의 대통령', '광화문 대통령', '반칙·특권 없는 인사' 등등 열거할 수 없는 거짓말들이 있는

데, 문재인 청와대는 거짓말을 하지 않는다고 말하고 있으니 이 말보다 더 큰 거짓말이 어디 있을까?

어느 누구라도 거짓말을 하지 않고 사는 사람은 없을 것이다. 인간의 이기주의 때문에 진실과 거짓 사이에서 고민 해야할 때가 있을 수밖에 없는 것이 인간 삶의 모습일 수 있다. 문제는 국가 지도자가 거짓말을 할 때 국가와 국민에게 미치는 영향은 너무도 막대한 것이고 국민을 속인 죄는 한 없이 크다는 것이다.

미국의 워터게이트 사건으로 사임한 닉슨 대통령의 예를 보면 알수 있을 것이다.

그런데 우리 대통령은 거짓말을 다반사로 하면서도 죄의식은 커녕 남들 얘기가 거짓이고 가짜뉴스라고 하면서 남 탓만 하고 있으니 이러한 '거짓말'과 '남 탓' 때문에 나라가 위기에 빠져있는 것이고 국민들은 절망하고 있는 것이다.

유재수, 김기현 관련 청와대 개입 의혹에 대해 똥줄이 타 역대급 거짓말을 한 것이 아닌가 싶다.

'칭찬은 고래도 춤추게 한다'는 말이 있는데 이번에 울산의 고래는 대통령 친인척까지 되었으니 춤을 추고 있을까? 아니면 고래 망신이라고 분노하고 있을까? 내일은 또 어떠한 청와대발 거짓말을 들어야 할지 그저 고통스러울 뿐이다. 속지 말자.

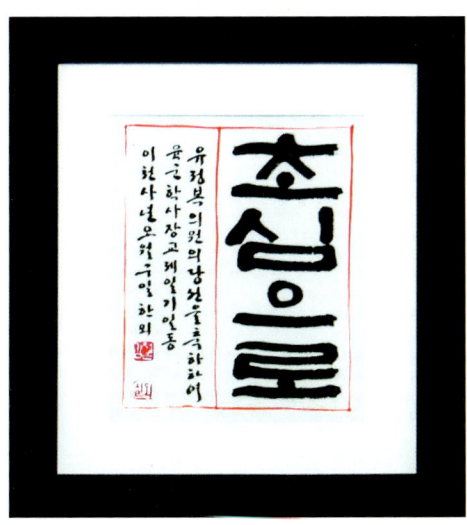

세상 이야기(10)

〈2019. 12. 12〉

*유정복의 세상 이야기[10]

〈세금 도둑, 주범과 공범〉

국회에서 여당을 중심으로한 정치 야합세력이 512조원 규모의 내년도 예산안을 통과시켰다. 자유한국당 원내대표는 '세금 도둑, 대국민 사기'라고 목소리를 높였다.

국회의원으로서 정부 예산을 심의해 왔었고, 시장과 장관으로서 예산도 편성해 왔던 사람으로서 작금의 나라 돌아가는 꼴이 정말 한심하게 느껴지고 화가 치밀어 오르기까지 한다.

첫째는 예산 편성권을 갖고있는 문제인 정부의 문제이다.

한마디로 말하면 예산에 대한 기본 개념이나 인식도 없고 따라서 도덕성이 없는 나쁜 정부라고 생각한다. 예산은 국민의 세금으로 편성해서 국민 전체의 더 나은 생활과 국가의 미래를 위한 쓰임새로 편성되는 '국민의 돈'이다. 결코 대통령의 돈이 아니다.

그런데 내년에 60조원의 적자 국채를 발행하면서까지 초슈퍼예산 512조를 편성했고 여기에는 현금성 복지 예산 등 마치 자기 돈처럼 선심쓰는 예산이 상당 금액 포함되어 있으니 이러한 무책임하고 부도덕한 정부가 어디 있겠는가? 적자 재정은 결국 국민 빚이고 미래 세대의 부담일 뿐이다.

매표 정치의 볼모가 되어있는 국민들은 당장은 달콤하게 느낄지 모르겠지만 선심 예산이 곧 자신과 가족의 부담이고 나라가 망하게 된다는 것을 알게 될 때는 '때는 늦으리'가 되는 것이다.

베네수엘라는 퍼주기 예산의 결과가 어떠한지를 잘 보여주고 있다.

나는 인천시장으로 일하면서 여러 불평의 소리를 들으면서도 3조 7천억 원의 빚을 갚아 인천시를 재정 정상단체로 만들어 놓았다. 난들 어떻게 하면 인기 얻고 표 얻는지 몰랐겠는가? 역사에 부끄러운 사람이 되어서는 안 된다는 신념을 갖고 일해왔다고 감히 자부한다.

그래서 이렇게 무책임하고 부도덕한 국가의 재정운영에 대해 대통령과 국회를 향해 비판할 수 있는 것이다. 정부나 기업, 가계 등 모든 경제 주체에는 같은 경제 원칙이 적용된다. 어느 기업이 매출과 순익이 줄고 전망도 어두운데 종업원 늘리고 복지예산 늘리는 방만경영 하겠는가? 어느 가장이 빚 내가며 흥청망청 소비 늘리겠는가? 그런데 대통령이 엄청난 국가 빚을 내가며 나랏돈으로 인심 쓰고 있으니 한숨이 절로 나오지 않을 수 없다.

두 번 째로 화나는 것은 바로 국회 때문이다.

국회의 예산 심의권은 국민 세금을 어디에 쓰는지를 제대로 따져보고 잘못된 예산 편성을 바로 잡으라고 부여한 권한이지, 자기 지역구 예산 늘려 잇속 챙기라는 권한이 아니라는 것을 모르는 국회 같다.

이번 국회에서 겨우 1.7% 예산을 삭감하고 오히려 8조 원이나 증액한 것은 염치없는 일일뿐만 아니라 정부의 잘못된 예산 편성을 바로 잡기는 커녕, 한술 더 떠 자기 욕심 챙기기에만 급급한 모습을 보여주어 정말 한심하다는 생각이 든다. 그러니 국회가 세금도둑의 주범인 나쁜 정부와 공범이 되었다는 비난을 면할 수 없는 것이다.

불쌍한 사람은 국민이고 특히 미래세대이며, 정말 걱정되는 것은 이대로 가다가는 나라의 장래가 어떻게 될 것인가 하는 불안과 참담함이다.

예산, 결코 대통령 돈도, 국회의원 돈도 아니다. 내 돈, 우리 돈, 국민 돈이라는 것을 잊어서는 안 된다. 정신 차려야 한다. 그리고 속지 말자.

세상 이야기(12)

〈2019. 12. 30〉

유정복의 세상 이야기[12]

〈한 해를 마무리하며〉

한해의 끝자락에서 지나온 시간들을 되돌아본다.

나라 돌아가는 모습에 불편한 마음을 안고 미국에서 조기 귀국하여 전국을 다니면서까지 국민의 삶과 나라의 현실을 살펴보고 많은분들의 얘기를 경청하는 가운데 대한민국이 중대한 위기의 국면에 있음을 다시 확인할 수 있었다.

나라가 있고 내가 있다는 마음으로 위기의 대한민국을 구해내야 한다는 각오로 각종 강연과 집회, 그리고 방송 출연과 SNS 활동을 하면서 바쁘게 보냈던 한 해였다. 그러나 한해 내내 우울한 소식만을 들어야 했다.

오늘도 우리나라 명목성장률이 1.4%로 떨어져 OECD 국가 중 최하위권인 34위를 기록했다는 소식을 듣게 되었다. 문재인 정부 들어 명목성장률이 2017년 16위, 2018년 29위에서 계속 하락하고 있는 참담한 상황이 이어지고 있는 것이다.

국회에서는 '4+1협의체'라는 반민주 정치세력이 내년 예산안과 선거법을 날치기 처리하고 이제 공수처법 처리를 강행할 태세다.

국민세금을 갖고 정권연장을 위해 인심쓰는 예산으로 편성한 정부도 나쁘지만, 이를 견제하기는 커녕 자신의 지역구 예산 증액에만 혈안이 되어 날치기 통과시킨 국회의원들도 모두 세금 도둑질을 한 나쁜 정치인들이다.

그리고 선거법 공수처법 처리로 좌파 장기집권의 길을 가려고 하는 한심한 문재인 정권을 보고 있노라니 정말 한숨이 나오고 분노가 치밀어 오른다. 문재인 정권이 이렇게 나라를 망쳐가고 있는데도 국민들 중 상당수는 설마하는 마음으로 당장의 사탕발림에 넘어가고 있고 예능인 같은 감성팔이 쇼에 속고 있으니 참으로 마음이 무겁기만 하다.

정말 이대로 대한민국이 무너질 것인가? 아니다. 피땀 흘려 지켜온 대한민국의 소중한 가치인 자유민주주의를 지키고 오늘의 번영을 이룩한 토대인 시장경제를 반드시 사수해야 한다. 현 정권이 진정 나라와 국민을 사랑하는 마음으로 반성하고 국정 대전환을 하기를 기대하지만 지금까지의 정치행태로 볼 때 기대할 수 없다.

야당의 처절한 자기희생과 쇄신이 절실히 필요한 상황인데, 그저 잘하기를 기대해 보지만 썩 기대하기는 어려울 것 같다. 결국 나라를 살리느냐 망치느냐의 모든 결정권을 갖고 있는 국민들이 희망일 뿐이다.

우리 국민들 모두가 좀더 냉철한 눈으로 현실을 보고 '남의 일, 그 누구의 일'이 아닌 '나의 일, 내 가족의 일'이란 생각으로 설마 하지 말고, 자유 대한민국을 지키는 데 함께해야 한다.

흥 하는 데는 오랜 세월이 걸리지만, 망하기로 가면 순식간이라는 것을 잊어서는 안 된다.

이제 한 해를 보내면서 진지하게 지나온 시간을 뒤돌아보면서 다시 한번 신발 끈 조여매는 각오와 다짐으로 새해의 희망을 만들어 가고 싶다.

연말이라 송구영신하는 마음으로 덕담이나 하는 것이 좋다는 것을 알면서도 시국이 시국인 만큼 나라 걱정하는 마음으로 한 해를 보내면서 정말 기도하는 마음으로 대한민국이 잘 되기를 빌어본다.

세상 이야기(13)

〈2020. 1. 9〉

유정복의 세상 이야기 [13]

〈새해 들어 더 심해진 국가 위기〉

2020년 새해를 맞으며 나라의 평안과 국민의 행복을 간절히 소망하였다. 그러나 국가 돌아가는 상황은 새해 들어서도 바뀐 것이 없고 오히려 위기가 더욱 현실화되고 있는 것 같다.

지난해 말 반민주적 폭거로 예산안, 선거법, 공수처법을 날치기 처리한 문재인 정권은 새해에는 오직 총선 승리와 집권 연장을 위한 실행 모드에 돌입하여 더욱 막무가내식 국정운영이 자행되고 있는 것이다.

대통령은 신년사를 통해 국가의 현실과 국민의 아픔을 외면한 채 여

전히 진영논리에 갇히고 자기 독선에 빠져 반쪽 대통령으로서 자화자찬만을 하였다.

추미애 장관 임명과 동시에 검찰에도 칼을 들이대 총선 전 악재를 사전에 제거해 내는 일이 벌어지고 있다.

조국 전 장관 비리와 울산시장 선거 개입사건, 그리고 유재수 전 부산 부시장의 감찰 무마사건 등 문재인 정권의 각종 비리 사건 수사를 무력화시키기 위한 검찰 인사를 단행하여 윤석열 검찰총장의 손발을 잘라낸 것이다.

금년도 국세수입이 줄어드는데도 재정지출 예산을 43조나 늘려 512조 원의 초슈퍼예산을 편성 하였는데 정부는 이 예산의 조기집행을 말하고 있어 결국 국민세금에 빚까지 낸 돈이 여당의 선거용 재원으로 활용될 상황이니 참으로 통탄할 일이다.

포퓰리즘 정권은 당장에는 지지를 받을 수 있지만 결국은 나라를 망하는 길로 이끌었다는 것이 역사의 경험법칙이다.

아! 정말 대한민국이 이대로 무너져 한 번도 경험해 보지 못한 나라로 갈 것인가?

아니다! 속지 말고, 설마 하지 말고, 설득하는 국민의 힘으로 자유 대한민국을 지켜내야 한다.

코로나19 감염 확산에 대한 우려

〈2020. 2. 23〉

현재 코로나19의 감염 확산 상황을 보며 걱정이 커지지 않을 수 없습니다.

정부에서는 위기경보를 '경계'에서 '심각' 단계로 격상하는 문제를 적극 검토하고 동시에 그 후속 조치 마련에 만전을 기해야할 시점이라고 생각합니다.

감염 확산 우려가 높은 바이러스와의 전쟁에서는 선제적 대응이 매우 중요하기 때문입니다. 제가 농림수산식품부 장관으로 일할 때 구제역 확산을 막기 위해 축산인과 전문가들을 거의 눈물로 설득해서 백신 투여로 막아냈던 경험이 있고 인천시장 재직 시에도 메르스가 전국적으로 확산 되었지만 인천에서는 단 한 명의 확진환자 없는 메르스 청정지역을 유지할수 있었던 것도 선제적 대응을 중요시했기 때문이었습니다.

그리고 이번 코로나 상황으로 고생하고 계신 관계자분들과 가뜩이나 어려운 경제 상황 속에서 더욱 힘든 나날을 보내고 계신 자영업자, 소상공인을 비롯한 경제 현장에서 애쓰시는 모든분들, 그리고 불안해하고 힘들어하는 모든 국민들께 위로의 말씀을 전해드립니다

정부의 부도덕함에 분노한다

〈2020. 2. 27〉

코로나19 상황을 극복하기 위해 국민 모두가 합심 노력해야 하고, 당연히 정부가 앞장서야 합니다. 그러나 정부의 상황인식과 대처는 오히려 사태를 악화시키고 있어 국민들의 분노가 커지고 있습니다.

누구나 실수를 할 수도 있고 오판을 할 수도 있습니다. 그러나 지도자가 실수를 인정하지 않고 남탓하고 게다가 정치적 계산만 하고 있다면 국민은 어떻게 되겠습니까?

국민들은 정부의 무능 문제보다 무책임과 부도덕함에 분노하는 것입니다.

의사협회와 관련 전문가들의 경고와 선제적 대응 필요성 의견에도 불구하고 대통령이 머지않아 코로나 상황이 종식된다고 말하니까, 장관과 여당 정치인들은 거짓말과 무책임한 발언들을 쏟아내고 있으니 이게 정상적인 나라인지 모르겠습니다.

2018 지방선거에서 김정은·트럼프 쇼로 재미 보고 이번엔 시진핑 방한 쇼로 재미 보려고 그렇게도 중국에만 매달리는 것입니까? 이제 더 이상 속는 어리석은 국민들은 아닙니다. 며칠 전 짜파구리 쇼에 속은 국민은 없었으니까요.

헌혈을 마치고

〈2020. 3. 9〉

코로나19로 외출과 모임이 자제 되면서 헌혈이 줄어들고 있어 적십자사에서 헌혈캠페인을 하고 있습니다.

저부터 조금이라도 도움이 되기를 바라는 마음으로 뜻을 같이하는 몇 분과 함께 헌혈을 하였습니다.

헌혈로 이웃에 따뜻한 정이 전해지고, 또한 코로나19도 시민의 힘으로 극복되기를 바랍니다.

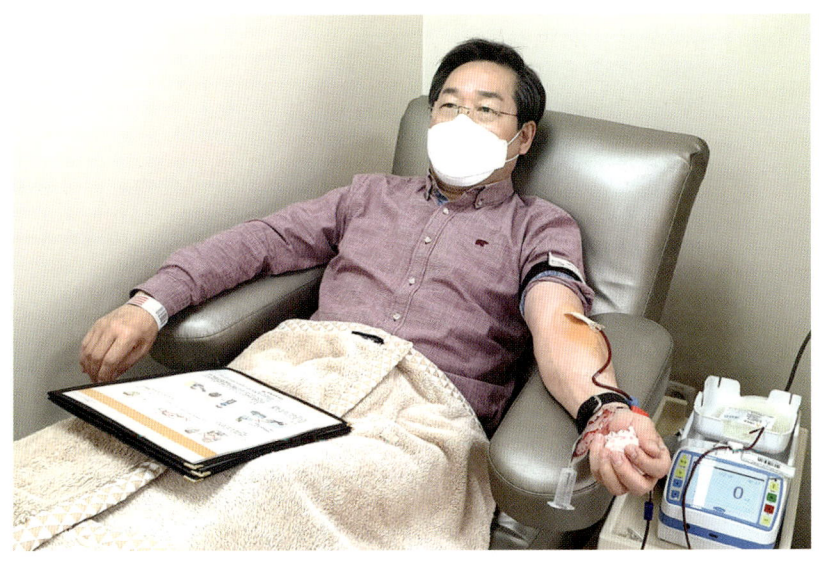

방역수칙 준수 이웃에 대한 배려 절실

〈2020. 3. 12〉

WHO가 코로나19에 대해 '팬데믹(pandemic)'을 선언하였습니다.

세계적 대유행 즉 '팬데믹' 선언은 2009년 신종 인플루엔자 대유행 이후 11년 만입니다.

지구촌에 큰 시련이 닥친 셈입니다. 감염병 위기 국면에 대한 대응은 철저히 '과학이 판단'하게 해야 합니다.

정치 논리가 개입되어서는 안 됩니다.

우리 국민은 위기 대처 능력이 뛰어나고, 또 국가적 위기가 닥칠 때는 일치단결하였습니다.

세계에서 제일 빠른 정보 공유 인터넷망도 구축하고 있습니다. 우리 국민이 힘과 지혜를 모으면 가장 빨리 이 위기를 극복할 수 있다고 믿습니다.

방역수칙의 준수와 이웃에 대한 사랑과 배려가 더 절실한 때인 것 같습니다.

아들의 동행

〈2020. 3. 15〉

아버지 노릇을 제대로 못 했습니다. 항상 공무가 우선이었고 애들에게는 미안함이 많았습니다.

그런데 어제 아들놈이 조용히 옆에 서 주었습니다. 지역 주민에 인사하는 길에 동참해 주었습니다. 아버지를 인정해 주는 것 같아 가슴이 따뜻해졌습니다.

내가 가는 길을 끝까지 바르게 가는 데 큰 힘이 될 것 같습니다. 아들에게 그리고 미래 한국의 모든 주역들에게 부끄럽지 않은 길을 가겠습니다.

30분 줄 서서 마스크 두 장 구입

〈2020. 3. 17〉

국민과 애환을 함께하는 유정복이 되겠습니다.

즐겁고 활기찬 하루의 시작!

마스크 줄서기로 시작해야 하는 슬픈 현실!

오늘은 제가 마스크 구매 가능 요일이라 신분증을 챙겨 3일 동안 사용한 마스크 교체를 위해 약국에서 30분 넘게 줄을 서서 마스크 두 장을 구입했습니다.

상쾌하고 활기찬 아침 모습으로는 서글픈 현실이 아닐 수 없습니다.

대통령까지 나서 머지않아 종식된다, 감염원은 애초부터 중국에서 들어온 우리 한국인이라며 국민 탓, 남탓만 하는 동안 국민의 아침 일상이 마스크 줄서기라는 것에 가슴이 아픕니다.

역사적으로 국난 위기를 슬기롭게 이겨낸 우리 국민들의 저력이 다시 한번 발휘될 것으로 확신합니다.

할머니의 하소연

〈2020. 3. 19〉

거센 바람이 불어도 희망의 끈을 놓을 수는 없습니다. 출근길 인사 때 어느 할머니가 다가와서 말씀하시더군요

"꼭 이겨야 돼요. 나야 아무래도 괜찮지만 우리 손주들 생각해서요."

우리 아이들이 불행한 나라에서 살지 않도록 제가 몸을 던져 일하겠습니다.

각오와 당부

〈2020. 3. 26〉

미래통합당 인천·경기권역 선거대책위원장 유정복입니다.

먼저 오늘은 천안함 폭침 10주기 되는 날입니다. 자랑스러운 46인의 천안함 순국장병들의 숭고한 호국정신을 잊지 않겠습니다.

오늘 미래통합당 인천시당 선대위 출정식을 가졌습니다.

저 유정복 모든 정치경륜을 쏟아내어 인천을 반드시 압승으로 이루어내겠습니다. 인천이 중심이 되어 승리해야 수도권을 승리 할 수 있고, 수도권 승리 없이 미래통합당 승리 없고, 미래통합당 승리 없이는 대한민국의 미래는 없습니다.

존경하는 시민여러분! 이번처럼 중요한 선거는 없습니다.

이번 4.15 총선은 죽느냐 사느냐의 문제입니다.

위선과 무능의 정권을 심판해주십시오.

미래 우리 아이들을 위해서 꼭 투표해주시고 성원해 주십시오. 미래통합당이 필승 할 수 있도록 도와주시기를 간곡히 당부드립니다.

투명 마스크를 해야할까요?

〈2020. 3. 28〉

거리에서 시민 여러분께 인사를 드리고 있습니다. 점점 응원과 격려가 많아지고 있어 큰 힘이 되고 있습니다. 차 안에서 V자를 그리며 손을 흔들어 주시는 분들, 창문을 열고 '유정복 파이팅!' 외치시는 분들, 차량에서 내려 응원을 하는 분들도 있습니다.

오늘 어떤 분은 저에게 다가오시더니 하시는 말씀이 "전에 시장했던 사람과 이름이 똑같네~" 그래서 "바로 제가 유정복입니다" 했더니 그분께서 "마스크 벗어 봐요" 하시는 겁니다. 제가 마스크를 내렸더니, "어 정말 유정복이네?! 그럼 유정복 찍어야지!" 하시는 겁니다. 투명 마스크를 해야 할까요?

진실 찾기 게임

⟨2020. 4. 10⟩

유정복입니다. 어제 유세중 한 식당에서 만난 40대로 보이는 여성께서 말씀하셨습니다.

"오늘 토론회 방송 봤어요. 저는 민주당 지지자이고 대깨문인데 이번에 바꿨어요. 유정복 찍기로 했어요."

토론회 방송을 본 시청자들은 진실을 확인한 것 같습니다. 선거는 진실 찾기 게임이잖아요. 토론회는 아래 링크에서 확인 하실 수 있습니다.

끝까지 뛰자

⟨2020. 4. 13⟩

힘들고 지치고 쓰러질 것 같습니다. 그러나 일어서겠습니다. 뛰고 또 뛰겠습니다. 남동발전과 인천의 꿈 대한민국의 미래를 위해 저의 한 몸 던지겠습니다.

홀로 남은 천안함 전사자 아들

〈2021. 7. 22〉

천안함 전사자의 유족 되시는 부인께서 투병 끝에 저세상으로 가신 데 대해 마음 아프게 생각하며 삼가 애도를 표합니다.

그런데 최원일 함장의 호소는 더욱 가슴을 울컥하게 하는군요. 혼자 남은 고1 정주한 군을 돕는 일에 기꺼이 참여합니다.

마음 같아서는 달려가 안아주며 위로하고 싶지만 방역수칙을 지키는 것도 예의인 것 같아 최 원장님께서 제안하신 방법으로 뜻을 전하고자 하며 많은 애국 시민들께서도 함께해주시기를 저 또한 호소 드립니다.

다시 한번 고인의 명복을 빌며 유자녀 정주한 군께 진심으로 위로의 말씀을 전합니다.

*최 함장 페이스북 내용

〈천안함 전사자 유가족에게 여러분의 도움이 절실히 필요합니다〉

오늘(7월 21일) 오후 12시 30분경, 천안함 전사자의 부인께서 40대의 나이에 암투병 중 소천하셨습니다.

이제 막 고등학교에 입학한 생떼 같은 고교 1학년 아들 하나만 세상에 두고 눈도 제대로 못감고 돌아가셨습니다.

지난 2010년, 6살이라는 어린 나이에 아버지를 떠나 보내고, 오늘은 세상에서 유일하게 기댈 수 있었던 어머니까지 잃었습니다.

아직 세상을 알지 못하는 어린 아들은 어머니마저 떠나보낸 후, 홀로 남겨진 세상을 깨닫기도 전에 깊은 충격과 좌절에 빠져 있습니다. 어울리지 않는 상복을 입고, 미성년 상주가 돼 눈물 흘리며 어머니의 마지막을 지키는 모습이 너무 안타까워 도움을 요청드립니다.

심지어 부인은 주변에 폐 끼칠까봐 암투병 사실을 알리지도 않고, 외로이 투병하다가 제게 조용히 하나뿐인 아들을 부탁하고 가셨습니다.

조국을 위한 남편의 의로운 죽음이 자주 폄훼되는 것이 평소 깊은 스트레스로 다가왔다고 지인들이 전해주기도 했습니다.

아들은 당장의 장례비용이 걱정인 상황입니다. 부디 천안함의 가족인 어린 아들이 용기를 내 세상에 일어설 수 있도록 여러분이 힘을 보태 주십시오. 저 또한 염치 불구하고 간절히 부탁드립니다.

본인 동의를 얻어 유자녀 계좌를 함께 올립니다. 세상의 따뜻함과 혼자가 아님을 알 수 있도록 도와주십시오.

메타버스와 MZ세대

〈2021. 8. 17〉

메타버스에서 청년들과의 뜻깊은 만남과 대화를 나누었습니다. 메타버스는 '초월'을 뜻하는 'Meta'와 '우주'를 뜻하는 'Universe'의 합성어로, 현실을 초월한 가상 세계를 의미합니다. 가상현실보다 한 단계 위라는 증강현실의 더욱 진화한 버전이라고 할 수 있습니다.

청년들과 새로운 공간에서의 만남이었지만 일자리 문제, 저출산 문제, 연금 문제, 인천의 역사와 경쟁력 문제에 이르기까지 다양한 의견을 주고받으며 청년들이 안고 있는 어려움과 미래에 대한 불안 등을 잘 이해할 수 있었고 저로서는 무거운 책임감을 느낄 수 있는 시간이었습니다.

MZ 세대를 중심으로 빠르게 성장하고 있는 메타버스와 같은 새로운 소통 방식으로 청년들과의 만남을 계속해 나가려고 합니다. 초대해 주신 '인천청년연구회' 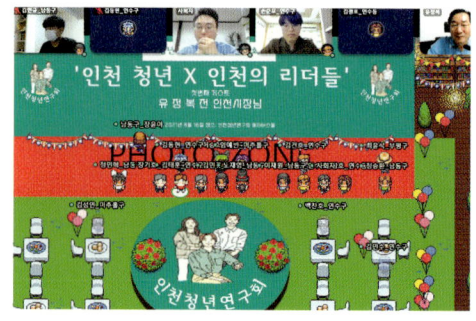 회원 여러분들께 감사드리며 모두 힘내시기 바랍니다.

나랏빚 1,000조 원 시대

⟨2021. 9. 1⟩

9월입니다.

오봉산의 아침 공기가 확연히 달라졌습니다.

독서와 사색하기 그리고 여행하기에 좋은 계절이라고 하지만 세상 돌아가는 현실을 보면 그리 한가하거나 여유롭게 보낼 수 없는 마음 아픈 일들이 너무 많습니다.

나랏빚이 1,000조 원을 돌파했다는 어두운 소식으로 오늘 하루도 시작됩니다. 1,000조면 국민 1인당 2,000만 원의 빚입니다.

제가 시장 때 허리띠 졸라매며 인천시 빚 3조 7천억 원을 갚아 시 재정을 정상화시켰던 사람으로서 오늘의 대한민국 현실을 보면서 정말 한숨만 나옵니다. 결국 우리들을 힘들게 하는 모든 어려움의 근원은 잘못된 정치권력의 행사에 있다는 것을 분명히 인식하고, 시민과 함께 국민과 함께 이 난국을 극복해 나가는 일에 적극 나서고자 합니다.

우선 아픔을 겪고 계신 시민들과 공감하며 함께해 나가는 일이 필요합니다. 많은 국민들이 힘들어 하지만 특히 자영업자분들의 고통이 큽니다

거리로 나와 그 아픔을 호소하고 계신 외식업 중앙회 인천회장님의 눈물겨운 투쟁에 공감과 위로를 표하며 힘을 보탭니다. 회장님, 힘내세요!

정권교체를 위한 현실 진단

〈2021. 9. 8〉

오늘 우리가 살아가고 있는 대한민국의 현실은 어떻고 과제는 무엇입니까?

국민은 힘들어하고 있고 불안에 떨고 있습니다.

코로나 팬데믹과 같은 새로운 사회현상과 초고속으로 진화하고 있는 사회 변화에 따른 어려움 등 많은 요인이 있지만, 우리 대한민국의 경우는 극심한 정치적 불안이 그 중심에 있는 것입니다.

문재인 정부 들어와서 경제정책을 비롯한 외교·안보 등 주요 정책에 큰 실패가 있는 것이 사실이고 위선과 불공정 그리고 극심한 국민 편 가르기 등 수많은 국가 권력의 부당한 행위가 있는 것도 사실이지만, 이 모든 사안의 근본에는 바로 자유민주주의와 시장 경제 그리고 대한민국의 정체성을 훼손하는 잘못된 국정운영 방향에 있다고 봅니다.

이 문제는 우리 미래를 어둡게 하고 불안하게 하는 가장 중요하고도 본질적인 문제이기 때문에 더 이상의 잘못된 정치를 멈추게하고 반드시 정상국가로의 회복이 되도록 해야 합니다. 그 징답은 바로 정권교체입니다. 정권교체만이 오늘의 난국을 극복하고 대한민국을 정상화시켜 새로운 희망의 미래를 만들어 갈 수 있습니다.

그런데 걱정이 됩니다. 내년 대선에서 야당이 승리할 것이라는 막연한 낙관론이나 기대감이 있는 것 같아서 걱정스러운 마음으로 정국을 진단해봅니다.

우선 정권교체가 그리 쉽지만은 않다는 것을 알아야 합니다.

그 이유는 첫째, 이번 대선은 문재인 대통령과의 싸움이 아니라 후보 간의 싸움, 정당이나 세력 간의 싸움이라는 점입니다. 다시 말하면 치열한 대선 과정에서 문재인 이슈는 뒤에 있게 되고 후보 중심의 대결이 된다는 점입니다.

과거 김대중 대통령의 낮은 지지율 속에서도 같은 당 노무현 후보가 당선되었고 이명박 대통령의 낮은 지지율 속에서도 같은 당 박근혜 후보가 당선된 것을 상기해보면 아실 것입니다.

둘째, 문재인 정부는 대선 승리를 위해 모든 정책과 수단을 총동원할 것입니다.

지금 나라 곳간이야 어떻게 되든 말든 퍼주기 정책에 몰두하고 있고 앞으로의 공약 등에서도 정부의 일방적인 인기정책으로 여당 후보를 뒷받침할 것입니다. 정부 여당만이 독점적으로 행사할 수 있는 수단이 얼마든지 있습니다.

지난해 총선은 코로나로 문재인 정권의 실정을 모두 삼켜버려 지금의 거대 여당을 탄생시켰듯이 코로나 상황을 정부 여당이 어떤 식으로든 정략적 판단을 하며 대응할지의 문제 등 숱한 변수들에 야당과 국민이 속수무책이라는 점입니다.

셋째, 여권은 권력을 배경으로 한 조직을 총 가동할 것입니다.

다수 의석의 국회와 권력기관은 물론, 언론, 시민단체, 민노총, 전교조 등 막강한 조직에다 이미 지방정부의 다수를 장악하고 있는 지방자치단체장, 지방의원이 총동원되고, 여기에 문재인 정부에서 퍼주기나 선심성 정책으로 이득을 본 수많은 이해관계 집단이 있고, 특히 야당에 비해 수적 우위를 점하고 있는 민주당원 등도 무시할 수 없는 세력입니다. 다시 말해, 약 40%의 견고한 세력이 뒷받침해주고 있는 여당입니다.

넷째, 선거 과정에서 예상되는 야권의 내상(內傷)이나 분열 등이 우려됩니다.

여권은 단일 대오로 선거에 임하게 될 것이 뻔한데 혹시 우리는 당 지도부와 후보 간, 또는 후보들 간에 심각한 갈등이 있게 되거나 당외 야권 인사와의 단일화 실패 등의 분열로 선거를 망치지 않을까 걱정하는 국민이 많습니다.

다섯째는 대외변수입니다.

3년 전 북미 정상회담이 지방선거에서 야당을 전멸시키다시피 한 것처럼 북한과의 정치적 쇼 등 많은 대외변수도 복병으로 자리하고 있습니다.

여기에 과거 김대업 사건과 같은 공작 정치나 심지어 부정선거를 저지를지도 모른다고 걱정하는 많은 국민의 의심이 있는 것 또한 사실입니다.

너무 비관적인 얘기만 했다고 생각하나요? 정말 정권교체라는 지상과제를 달성하기 위해서는 냉정한 현실 진단을 전제로 나라를 사랑하는 애국 시민들의 총 단결이 필요하다고 생각해서 위험 요소들을 정리해 본 것입니다.

그럼에도 불구하고 우리에게 승리의 요인 또한 크다는 희망을 말씀드리겠습니다.

우선 첫째는, 문재인 정부의 실정에 실망하고 낙담하는 나라의 장래를 걱정하는 많은 국민들의 마음속 분노에서 나오는 정권교체에 대한 여망이 크다는 것이 가장 큰 자산입니다.

둘째는, 현실 여건상 침묵 그룹에 속하고 있지만 문재인 정부의 국정 난맥상을 잘 알고 있는 공직자들과 심각한 어려움 속에서도 내색하기 어려운 중소기업인, 소상공인들, 그리고 현 정부의 편가르기식 정책 속에서 소외되어 온 문화예술, 체육계 등 상처받고 있는 많은 이해관계 국민들의 처절한 투쟁과 분노가 정권교체의 폭발적 힘이 될 것입니다.

특히 코로나 상황 등 현실 여건상 목소리 내기 어려웠던 종교인들과

학계와 전문가 등 지식인 그룹도 지금 정부에 대한 분명한 심판의 대열에 나서게 될 것입니다.

강한 소수가 약한 다수를 이기는 법입니다.

문재인 대통령 관련 여론 조사를 보면 부정적 평가 중에서 '매우 잘못하고 있다'고 응답하는 국민이 많은데, 이것은 바로 강한 반대층이 상당수 존재한다는 증거이고 이러한 국민들은 강력한 정권교체의 힘을 발휘하게 될 것입니다.

셋째, 미래의 희망인 우리 젊은이들이 현실을 제대로 보고 있고, 분노하고 있어 자신들의 미래에 대한 올바른 선택을 하리라는 기대도 큽니다. 과거와 이념에 얽매이기 보다는 현실과 함께 미래를 바라보는 청년 세대들이 오늘의 정치 현실에 대해 매우 비판적인 시각을 갖고 있다고 보여 희망이 보입니다.

결론을 내립니다. 우리는 반드시 정권교체의 대업을 이루어야 합니다. 그러나 정권교체가 쉽게 되는 것은 아니라는 현실을 직시하고 각 분야에서 애국시민 모두의 특단의 노력이 필요한 때입니다.

'국민을 이기는 정부 없다.'는 역사의 경험법칙이 내년도 정권교체를 통해 다시 한번 확인되기를 기대하면서 이 역사적 대업의 길에 저부터 앞장서 나아가겠습니다.

애국시민 여러분, 우리 모두 힘냅시다. 반드시 이루어 냅시다.

최고 지성인께 올리는 글

〈2021. 9. 13〉

존경하는 김형석 교수님께

교수님, 평소 존경해왔습니다만 이번에 교수님께서 100세가 넘은 연세이면서도 정확한 시국진단과 처방의 말씀을 주신데 대해, 그 용기와 애국심에 감사와 존경의 마음을 전해드립니다.

일제 강점기와 6.25 전쟁 그리고 해방과 근현대 정치사를 경험하신 역사의 산증인으로서, 문재인 정부가 이끄는 대한민국의 오늘을 더는 두고 볼 수 없다며 일갈하신 말씀들은 우리 모두가 새겨야 할 말씀이면서 제가 갖고 있는 생각과 똑같다고 생각되어 교수님의 말씀을 더 많은 국민들께 전하고 싶어 이렇게 공개적으로 감사의 글을 드립니다.

교수님께서는 "문재인 대통령은 취임사에서 약속한 나라와는 완전히 다른 나라를 만들어와 대한민국은 지금 퇴행중이다."라고 하셨습니다.

교수님께서는 "언론중재법은 언론 통제법이고 문재인 보호법이다."라고 하셨습니다. 교수님께서는 "문재인 정부 5년 동안 정권 유지를 위한 일 말고 국민을 위해 무슨 일을 했는지 모르겠다."라고 하셨습니다. 교수님께서는 "문재인 대통령은 국민이 아니라 자기 자신과 진영을 위해 권력을 잡은 것이며 국민을 두 쪽으로 갈라놓았고 정의의 가치도 모르는 지도자다."라고 하셨습니다. 교수님께서는 "공수처의 야당 후보를 겨눈 수사는 동기도 목적도 불순하며 이 나라를 장악한 법조계와 운동권 출신은 국제감각이 없다."라고 하였습니다.

그리고 교수님의 어른다운 모습에 또 감동했습니다.

교수님의 고언을 "이래서 오래 사는 게 위험하다."며 막말을 한 정철승 변호사에게 참다 못해 편지를 쓴 딸에게도 "저격도 자정작용이 일어나도록 놔둬야 한다."고 말씀하시면서 오히려 딸을 꾸짖었다고 하신 대목에서는 절로 존경심이 나오지 않을 수 없었습니다.

김형석 교수님, 다시 한 번 존경합니다.

그리고 이러한 불행한 현실을 극복하는 것은 정권교체밖에 없다고 생각하며 우리 모든 애국시민들과 함께 더욱 심기일전하여 노력하겠습니다.

교수님 더욱 건강하시고 앞으로도 많은 가르침 주시기 바랍니다.

이승훈 베드로 기념관 기공 미사

〈2021. 9. 14〉

오늘은 우리나라 최초의 천주교 영세자인 이승훈 베드로 기념관 기공 미사가 있었습니다.

시장 시절에 이승훈 묘역이 있는 남동구 만수동에 이승훈 베드로 성역화 사업을 추진하면서 숱한 어려운 문제를 풀고 사업을 가능하도록 했던 일 때문에 주교님의 간곡한 행사 참석 요청을 듣고 참여하게 되었는데, 큰 보람을 느낍니다.

이 기념관은 인천뿐만 아니라 대한민국 천주교의 새로운 역사요, 기념, 그리고 시민 문화 공간이 될 것입니다.

정신철 주교님으로부터 저에 대한 소개와 시장 시절 큰 도움으로 이 성역화 사업이 이루어질 수 있었다는 말씀을 들으신 교황 대사님께서는 묵주 두 개를 손에 쥐여주시며 저에게 각별한 감사 표시를 해주시기도 하였습니다.

성역화 사업이 잘 진행되어 1년 뒤 완공 시에는 또 하나의 인천의 자랑이 되기를 기대해 봅니다.

비대면 추석 인사

〈2021. 9. 18〉

[유정복 2021년 비대면 추석 인사]

'때문에가 아닌 그럼에도 불구하고' 우리는 '그럼에도 불구하고' 대한민국의 미래를 위해 준비해나가야 합니다.

분골쇄신(粉骨碎身)으로 나라를 이끌어 온 국민들의 위대함을 이어, 2022년 다가올 격변에 저는 국민과 함께하겠습니다.

풍성한 한가위 되시기 바랍니다.

유정복 올림

2021 한가위

음악방송 DJ 체험

〈2021. 9. 19〉

추석 명절 잘 보내시고 계신지요?

우리의 현실은 어렵지만, 마음만큼은 여유를 가져봤으면 합니다. 그리고 '그래도 희망'을 얘기하는 연휴 보내시길 바랍니다.

어제 난생처음으로 음악방송의 DJ로서 진행을 보았는데 격려의 말씀도 많이 들었습니다. 추후 방송 내용 올리기로 하고 오늘은 사진만 실었습니다. 즐거운 추석 연휴 보내시길 바랍니다.

신북풍을 경계합시다

〈2021. 9. 27〉

'신북풍(新北風)을 경계해야'

정권교체라는 지상 과제는 국민의 올바른 현실 인식에서 출발하기 때문에 이제부터는 대선에 영향을 미칠 수 있는 현안에 대해 정확히 핵심을 진단하여 우리가 꼭 알아야 할 사항을 말씀드리고자 합니다.

그 첫 번째는 대북관계입니다.

저는 정권교체가 쉽지 않은 이유 중의 하나로 문재인 정부가 독점적으로 행사할 수 있는 많은 정책 수단이 있고 그 중 대북 문제가 대선의 대형 변수로 작용될 수 있다고 이미(9월 8일) 얘기한 바 있습니다.

이번에 문재인 대통령이 종전선언을 제안했고 북한 김여정이 정상회담까지 언급하는 화답이 있었습니다.

한반도 평화를 바라지 않는 국민이 어디 있겠습니까? 그러나 한반도의 현실과 북한의 정치적 속셈을 조금이라도 이해한다면 지금 이 상황에서 비핵화 없이 종전 선언이나 정상회담을 주장하는 것은 진정성과는 거리가 먼 정치적 이해관계만을 생각하는 술수에 불과합니다.

3년 전, 지방선거 시 북미 정상회담으로 톡톡히 재미를 본 문재인 정권입니다.

그 회담 결과 핵 문제가 해결되었습니까? 지방선거에서 야당의 참혹한 패배만이 있었습니다.

더욱이 지금은 대통령 임기가 얼마 남지 않은 대선정국 상황이어서 종전선언이니, 남북정상회담이니 하는 문제를 거론할 시기도 아님은 명백한 일 아닙니까?

우리는 분명히 알아야 합니다.

대선과 관련하여 이익을 보고자 하는 어떠한 정부여당의 정책에 대해서도 그 의도와 본질을 잘 파악하여 속지 말아야 한다는 것을…. 신북풍(新北風)을 단호히 막아내야 합니다.

대장동 진실 밝혀야

〈2021. 9. 28〉

'대장동 개발사업 의혹, 진실 규명해야 정의로운 대선'

대장동 개발사업을 둘러싼 의혹이 꼬리를 물고 이어지는 가운데 여러 관련 인물들이 등장하면서 여야 간 난타전이 벌어지고 있습니다. 국민들 마음의 상처만 깊어지고 있고, 대선정국도 혼돈의 양상이 전개되고 있습니다.

저는 정치를 하면서 좌도 우도, 보수도 진보도 절대 선악의 기준은 아니라고 얘기해왔습니다. 절대가치는 이념보다는 진실에 바탕을 둔 정의라고 생각해 왔습니다. 대장동 의혹도 그 실체적 진실이 중요합니다.

그런데 지금이 대선정국이다 보니 진실보다는 대선에서의 유불리만을 생각하는 현실이 되었고 따라서 사건의 본질이나 핵심보다는 여야 간의 정치공세만 난무하고 있습니다.

진실은 미궁에 빠지고 오히려 누가 더 쎈 주장을 하고 누가 더 교묘한 화술로 상대를 무력화시키면서 진실을 숨기느냐 하는 게임이 되고 있습니다.

문제는 몸통이지 깃털이 아니고, 본질은 뿌리에 있지 곁가지에 있지 않습니다. 그래서 몸통과 본질에 대한 진실규명이 반드시 필요합니다.

대선이라는 국가 명운을 좌우할 대사를 앞두고 말입니다. 진실규명은 검찰이나 경찰 등 수사기관에 의해 밝혀지는 것이 기본인데 지금의 정치 현실에서는 이러한 수사로는 정치권과 국민의 신뢰를 받기는 어려워 보입니다.

그렇다면 특검이나 국정 조사 방법이 있는데 여당이 응하지 않고 있습니다.

오히려 상대방 게이트라고 하면서 본질보다는 물타기에 주력하고 있는 상황입니다. 그럼에도 불구하고 대장동 의혹에 대한 국민의혹 해소와 사회정의 그리고 대선에서의 올바른 국민선택을 이루어내기 위해서는 진실규명이 반드시 필요하기 때문에 여야 정치권에서는 진실규명에 나서야 합니다.

우선 빠른 시일 내에 여야 동수로 구성된 '국회 대장동 개발사업 의혹 진실규명위원회'를 발족시켜야 합니다. 그래야 이 사건과 관련한 각종 자료를 확보할수 있기 때문입니다. 그리고 이 결과를 갖고 특검이나 국정 조사를 통해 진실을 규명해야 할것입니다.

다만 코앞에 다가온 대선정국을 감안하여 최단기간 내에 모든 활동이 마무리 되도록 해야하고 그 과정은 국민에게 투명하게 알려야 합니다.

진실만이 정답입니다. 진실만이 좋은 대통령을 뽑을 수 있습니다.

인천시민의 날에

〈2021. 10. 15〉

10월 15일 오늘은 '인천시민의 날'입니다.

시장 재임 시, '인천의 꿈, 대한민국의 미래'를 비전으로 내걸고, 부채·부패·부실의 인천시를 구하고 희망을 만들어 가기 위해 공직자, 시민과 함께 사심 없이 일했던 일들이 주마등처럼 스쳐 갑니다.

아시안게임을 치르고 현안 문제 해결에 나서, 3조 7천억 원의 빚을 갚아 재정정상도시를 만들고, 담보 상태에 있었던 제3연륙교, 7호선 청라연장, GTX-B 예타추진, 검단신도시, 경인고속도로 일반화 사업 등을 풀어내고 인천발 KTX추진과 세계문자박물관, 해양박물관, 뮤지엄파크와 3개의 복합리조트 유치·조성 등 새로운 사업을 해왔던 일들….

무엇보다도 인천의 정체성 확보와 가치재창조를 위한 7대 주권, 애인정책추진과 보물섬 프로젝트, 인-차이나 프로젝트 등 새로운 도전들….

이런 가운데 인천 인구 300만 돌파와 부산을 제

치고 제2경제도시로 도약하여 '서인부대(서울·인천·부산·대구)'를 유행시켰고, 모든 길은 인천으로 통한다는 자부심으로 'all ways INCHEON'을 만들어 냈던 일들….

앞으로 인천이 대한민국의 미래가 되고, 시민이 행복하기를 염원합니다. "우리는 인천! 우리는 애인(愛仁)!"

윤석열 선대위 참여 관련 입장

〈2021. 10. 22〉

아직 공식적으로 발표된 것이 아니지만 제가 윤석열 대선후보 공동 선대위원장으로 참여하게 되었다는 일부 언론의 보도가 있었기 때문에 많은 분들께서 격려와 함께 궁금함도 전해오고 있어 저의 공식적인 입장을 말씀드립니다.

저는 그동안 국민의힘 유력 대선후보들로부터 지속적인 도움 요청을 받아왔습니다.

오로지 정권교체를 이루어야 한다는 대의를 지키며 누가 적합한 후보인지를 심도 있게 살펴보았습니다.

그러한 가운데 저는 윤석열 후보와의 단독 면담을 통해서, 그리고 후보토론회 등을 보면서 그가 가진 생각과 공직 철학을 알게 되었고 윤 후보에 대해 공감하는 바가 있었습니다.

이번 대선에 대한 저의 생각은 한결같고도 명확합니다.

반드시 정권교체를 이루어내 잘못되어가고 있는 현실을 극복하고 희망의 대한민국을 만들어가야 한다는 대의가 절대 기준이요 목표 아니겠습니까?

이를 위해서는 첫째는 정권교체가 가능하도록 국민의 지지를 받을 수 있는 경쟁력 있는 후보여야 한다는 것이며, 두 번째는 대통령이 된 사람이 국가권력을 사적 소유물로 생각하지 않고 국가 경영을 정상적으로 하면서, 오로지 국민 행복과 국가 발전만을 위해 일할 자질과 공직관을 가진 사람을 선택하는 것입니다.

즉, 정권교체가 가능하고 대통령으로서의 국정 운영을 제대로 할 사람을 선택하는 것이 바로 저의 대선 후보 선택의 기준이며, 이 기준에 따라 판단하고 결정하여 윤석열 후보를 돕기로 했습니다.

윤 후보도 저의 생각에 공감하면서 공동선대위원장이라는 중책을 맡아 달라고 하는 만큼 반드시 정권교체와 다시 일어나는 대한민국을 만들어 가는데 혼신의 노력을 다하겠습니다.

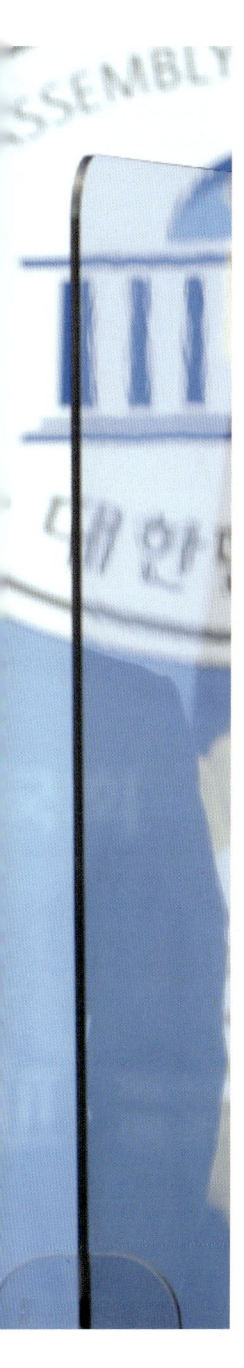

윤석열 공동선대위원장 수락

〈2021. 10. 24〉

오늘 국회에서 윤석열 후보 공동선대위원장 영입 기자회견이 있었습니다.

저는 공동선대위원장으로서 윤 후보의 경선 승리는 물론 여당 이재명 후보를 이기고 정권교체를 이루는데 혼신의 노력을 다할 것입니다.

대한민국을 사랑하는 모든 애국시민 여러분들과 함께하겠습니다.

반드시 정권교체를 이루어 대한민국의 희망을 만들어 갑시다.

정권교체 위한 동분서주

〈2021. 10. 27〉

윤석열 후보 공동선대위원장을 맡아 뛰어다니다 보니 하루가 어떻게 지나가는지 모르겠습니다.

어제는 시도 책임자급 대표들과 만나 결의를 다지는 회의를 한 후에 윤 후보와 함께 동작동 국립현충원에서 서거 42주기를 맞은 고 박정희 대통령 묘역을 참배하고 이어서 김대중 대통령, 이승만 대통령, 김영삼 대통령 묘역을 참배하였는데, 이때 노태우 대통령 서거 소식을 접했습니다.

노태우 대통령은 제가 내무부 근무 시절 장관으로 계시다가 6.29선언으로 직선제 대통령이 되고 북방외교성과 등을 남기신 분입니다. 삼가 고인의 명복을 빕니다.

오후에는 윤석열 후보를 대신해 첫 방문지로 33년 전통의 '서민 연합회'를 찾아 대표자들과 시국 상황에 대해 의견을 나누고 윤석열 후보 지지에 대한 공감의 자리를 갖게 되었습니다.

저녁에 주요 인사들과의 연속적인 미팅 후에도 밤늦게 윤 후보와 주요 선대위 관계자들이 회동하여 결의를 다지는 등 모처럼 빡빡한 일정 후에 귀가하고 보니 몸은 피곤해도 더욱 책임감에 젖어본 하루였습니다.

정권교체와 새로운 대한민국을 만드는 일이 우리의 시대적 과제라는 공감대를 형성해 나가는 데 최선을 다하겠습니다.

진정한 지방자치를 위하여

〈2021. 10. 29〉

오늘은 지방자치의 날입니다.

저는 지방자치론자입니다.

저는 지방자치 발전에 관련해 역사적 책임과 사명을 갖고 있습니다.

내무부와 경기도, 관선·민선 기초단체장과 지역 국회의원을 거쳐 안전행정부 장관과 인천광역시장을 역임했습니다.

지방자치에 대한 저의 사랑은 전국시장·군수·구청장협의회 초대 공동 회장단에서 사무총장을 역임하며 시작했습니다.

안전행정부 장관 시절에는 제1회 대한민국 지방자치박람회를 성공적으로 개최하여 지방자치에 대한 국민적 관심을 제고했습니다. 안전행정부 장관 당시, '시·도의원 보좌관' 도입을 추진했고, 시·도지사를 비롯한 정무직만의 급여체계를 만들어야 한다고 주장했습니다.

공공기관에 '지방'이란 명칭도 필요 없습니다.

인천경찰청이라고 하면 되지 왜 인천지방경찰청이라고 부릅니까?

우리 지방의 현실은 여전히 녹록치 않습니다. 중앙과 지방은 예전부터 '상하관계'로 인식되고 있습니다. 이런 상하관계를 깨야, 실질적인 지방자치 발전이 이루어질 수 있습니다.

지방자치는 풀뿌리 민주주의라고 불립니다.

진정한 민주주의의 실현을 위해서는 지방자치를 바라보는 기본적인 인식 구조를 바꾸는 게 필요합니다.

중앙정부와 싸우자는 것이 아니라 중앙-지방 협력 관계로 현안을 풀어나가야 합니다.

자율과 책임이 조화롭게 실현되는 지방자치로의 발전이 지역의 경쟁력을 확보하고, 행정의 효율성을 높인다는 생각으로 지방자치의 가치를 높이는 데 앞장서겠습니다.

최선을 다하겠습니다

〈2021. 10. 31〉

정권교체와 희망의 대한민국을 염원하면서 윤석열 후보 선대위원장으로서 눈코 뜰 새 없는 시간들을 보내고 있습니다.

순회 당협 간담회, 전현직 단체장 및 의원 지지선언, 각 자생단체 발대식 및 지지선언, 주요 선대위 관계자에 대한 임명장 수여 등등...

중립적 입장에 있던 분들, 특히 타 후보 진영에 있던 분들도 대거 윤석열 후보 지지로 입장을 정리해 주시고 계신 데 대해 깊은 감사를 드립니다.

바쁜 일정 속에서도 대한민국의 희망을 보게 됩니다.

반드시 윤석열 후보로 정권교체를 이루어 대한민국의 희망을 만들어 가겠습니다. 끝까지 최선을 다하겠습니다.

아낌없는 성원을 당부드립니다.

국민의힘 경선을 마치고

〈2021. 11. 5〉

윤석열 후보가 국민의힘 대통령 후보가 됐습니다.

대선 후보 경선이 이렇게 열화와 같던 적은 처음입니다. 그만큼 정권 교체에 대한 국민들의 열망이 크다는 것이겠지요.

저도 공동선대위원장으로서 지난 몇 주간 숨 가쁘게 일정을 소화하며 느꼈지만, 당심과 민심의 목소리는 하나같이 정권교체를 외치고 있었습니다.

홍준표 후보, 유승민 후보, 원희룡 후보 모두 훌륭했습니다.

특히 홍준표 후보는 청년 2030세대가 원하는 목소리를 잘 반영해 주었습니다. 모든 캠프가 강점이 있었고 서로에게 배울 점이 있었습니다.

윤석열 후보의 경선 승리는 국민 여망의 결과입니다. 윤석열 후보와 국민캠프 관계자 여러분, 그리고 지지해주신 많은분들께서 노력해주신 덕분입니다.

윤석열 후보는 반드시 믿어 의심치 않는 훌륭한 대통령이 되어 대한민국을 정상화시키고 국가 발전을 이룩할 것입니다.

그날을 염원하며 혼신의 노력을 다합시다.

이제는 one team, one purpose입니다.

소방의 날에

⟨2021. 11. 9⟩

119 잘 아시죠? 바로 그 번호를 의미하는 11월 9일, 오늘이 소방의 날입니다.

세상의 수많은 직업 중에서 소방, 경찰, 군인처럼 제복을 입고 일하는 공직자분들이 계시기 때문에 우리는 안전한 삶을 살아갈 수 있습니다.

그래서 저는 안전행정부 장관과 인천광역시장을 지내면서도 소방과 경찰에 대해서는 근무여건 개선과 자긍심 고취를 위해 많은 노력을 기울여 왔었습니다.

저는 당시 "소방공무원은 국민을 지키고, 국가는 소방공무원을 지킨다."는 얘기를 늘상 해오면서 소방가족을 격려하고 함께했던 일들이 생각납니다.

전국의 사랑하고 존경하는 소방가족 여러분! 여러분이 계셔서 우리는 안전하게 생활하고 있고 안심하고 생업에 종사할 수 있습니다.

고맙습니다. 국민이 응원하고 있으니 힘내시기 바랍니다.

농업인의 날 소회

〈2021. 11. 11〉

오늘은 농업인의 날입니다.

이날이 되면 늘 감회가 깊습니다.

왜냐하면 제가 김포군수 재임 시절에 전국에서 처음으로 '농업인의 날'을 제정했는데, 그 후 전국적으로 확산되어 정부에서 농업인의 날을 제정한 것이고요, 그래서 올해 26회 농업인의 날이지만 김포시는 27회를 맞고 있습니다.

왜 11월 11일이냐고요? 11의 十(열 십)과 一(한 일)을 합치면 土(흙 토)가 되고, 땅은 농업을 상징하기 때문에 11월 11일을 농업인의 날로 정했지요.

농업에 대한 관심과 열정이 제가 농림수산식품부 장관을 역임할 수 있게 한 게 아닌가 싶습니다. 그 후 인천시장을 역임하면서도 인천농업기술센터를 계양구로 신축 이전하여 농업 발전의 토대를 마련하기도 했습니다.

우리나라 농림어가 인구 비율은 전체 인구 중 5.1%입니다.

대한민국 국민 20명 중 한 분만이 우리 국민의 신토불이를 위해 땀

흘려 먹거리를 만들고 있는 것입니다. 고맙고 소중한 분들이지요.

그 가운데 인천은 도농복합도시라는 큰 특징을 가진 곳이라고 말할 수 있습니다.

강화·옹진이 있는 우리 인천시는 특·광역시 중에서 농업 면적이 가장 넓은 곳이며 168개의 섬은 인천의 자랑거리이자 훌륭한 자원입니다.

위치상으로도 2,700만명의 수도권 시장을 갖춘 절대 우위의 도농복합도시라고 볼 수 있습니다.

'잘사는 농어촌, 행복한 국민'은 제가 농림수산식품부 장관 시절 내건 시정방침이었습니다. 농촌이 잘 살아야 국민이 행복해지고, 국가의 안정을 튼튼하게 유지할 수 있습니다. 농촌과 농업인을 살려야 우리의 미래가 지켜집니다.

농업인이 걱정 없이 일할 수 있도록 농가 소득안정과 농촌 발전에 박차를 가해야 하지 않을까요?

수험생들의 건투를 빌며

〈2021. 11. 17〉

내일(18일)은 수능 시험을 치르는 날이기도 하지만, 수험생 여러분들의 그간의 노력과 꿈을 시작으로 인생 2막이 시작되는, 새로운 출발점에 서는 의미 있는 날입니다.

치열한 순간을 견뎌내고 이겨낸 수험생 여러분! 여태껏 잘해왔고, 잘 할 겁니다.

각자의 꿈과 목표를 위해 열심히 노력한 수험생 여러분께 깊은 존경과 응원의 마음을 전합니다. 수능이 끝나면 홀가분함과 별개로 수험생의 스트레스는 더 커지기 마련입니다.

수험생을 두신 학부모님들께서는 고생한 자랑스러운 우리 딸, 아들에게 허탈함도 성장의 밑거름이 될 수 있다는 점을 알려주시고 앞으로의 찬란한 도전을 응원해 주셨으면 좋겠습니다.

기쁜 결과가 함께할 수 있기를 기원합니다.

연평도 포격전 전사자를 기리며

〈2021. 11. 23〉

연평도 포격전 11주년입니다.

2010년 11월 23일, 인천광역시 옹진군 연평면 연평도에 위치한 군부대와 민간인 거주 지역에 북한이 아무런 선전포고 없이 170여 발을 포격했습니다.

이 연평도 포격전으로 우리 해병대원 두 분이 전사하시고, 16명의 국군이 부상을 당했습니다. 더욱이 민간인 사망자 두 분을 비롯해 세 분의 부상자가 발생한 것은 안타까운 일입니다.

북한군은 우리 민간인을 살해한 극악무도한 짓을 하고도 사과 한마디 없었습니다.

우리 시민들은 연평도 포격전을 비롯해 끊임없이 이루어진 그간의 북한 도발의 역사를 기억합니다.

화전양면전술을 통해 중요한 시기마다 위장평화 쇼를 벌이는 북한의 본질을 우리는 잊지 말아야 합니다.

나아가 국민의 목숨과 국제적 외교 문제가 얽힌 대북 관계를 자신들의 정치적 이익만을 위해 이용하는 천박한 모리배들을 우리는 경계

해야 합니다.

평화는 준비된 국방력과 국부에서 비롯됩니다.

더욱이 강력한 자유주의 우방국들과의 연대를 통해 단단해집니다. 강한 국력과 탄탄한 외교 관계로 우리 국민의 피해가 더는 발생치 않게 해야 합니다.

지금 이 순간에도 국방을 위해 헌신하고 계신 국군 장병을 비롯한 군 관계자분들에게 무한한 감사를 드립니다.

국가를 위해 싸워 준 故 서정우 하사와 故 문광욱 일병, 무고하게 사망하신 故 김치백, 故 배복철 님 영면하시길 기원합니다.

행정사 자격증 취득

〈2021. 11. 26〉

이력서에 한 줄 더했습니다.

운전면허증 이후로 40여 년 만에 취득한 국가자격증이라 그런지 감회가 새롭네요.

행정안전부 장관이었던 8년 전이면 셀프 수여했을지도 모르겠네요.

행정전문가 유정복의 다음 걸음을 기대해주세요.

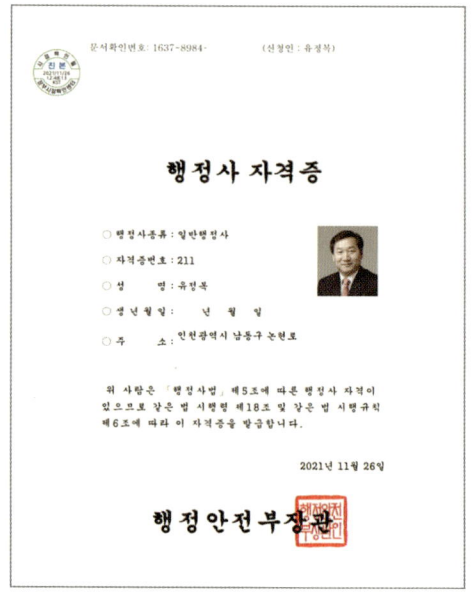

대통령 선거 100일 전

〈2021. 11. 29〉

나라의 운명과 우리의 미래를 결정지을 20대 대통령 선거가 꼭 100일 남았습니다.

그동안 정권교체의 필요성과 당위성을 강조해왔습니다.

비정상적인 나라, 국가권력이 사유화되어가고 있는 나라, 위선과 거짓에 국민 편 가르기로 일관했던 국정 운영으로 한 번도 경험해보지 못한 나라의 현실에 종지부를 찍어야만 한다는 절박한 현실을 얘기해 왔습니다.

이제 여야후보가 정해진 상황에서 왜 정권교체 해야 하는지를 좀 쉽게 접근해 보았습니다. 이재명 후보는 잘 알려진대로 검사 사칭 범죄를 비롯한 전과 4범에 차마 입에 담을 수 없는 형과 형수에 대한 욕설, 그리고 스캔들, 대장동 비리 의혹 등등….

특히 잔혹하게 가족을 살해한 사건과 연인을 살해한 두 사건의 변호를 데이트폭력과 심신미약으로 말하는 것을 보면 정말 사람으로서 조금의 양심조차도 남아 있지 않아 보입니다.

이재명 후보가 장관 후보자가 되었다고 생각해봅시다.

아마 청문회를 통해 완전 난도질을 당했을 것이고, 과거 논문 표절 하나로, 부동산 투기 하나로, 거짓말 탄로 하나로 숱한 후보자들이 낙마했던 일들과 비교해보면 이재명 후보는 위 지적된 그 어느 하나만으로도 당연히 낙마했을 것은 명확하지 않습니까?

좀도둑조차 감옥에 가는데, 반인륜적이고 후안무치한 사람이 국가의 지도자가 될 수 있다는 말입니까?

결단코 장관조차 불가능한 사람이 일국의 대통령이 되어 총리, 장관을 비롯한 수많은 고위 공직자를 마음대로 임명하는 현실이 된다면 이 나라가 제대로 된 나라이겠습니까?

아무렇게나 인사권을 행사하고 나랏돈을 내 마음대로 쓰면서 나라를 파탄 낼 사람을 국가지도자로 내세울 수 있겠습니까?

제가 장관 인사청문회법을 발의했던 사람이며, 두 번의 청문회에 섰던 사람으로서 도저히 상상할 수 없는 오늘의 정치 현실에 가슴이 먹먹함을 참을 수 없어 쉬운 논리를 생각해본 것입니다.

결론은 정권교체입니다. 반드시 오는 20대 대선에서 국민이 옳고, 국민이 이긴다는 역사를 보여줘야 하겠습니다.

저도 비장한 각오로 정권교체를 위해 모든 역할을 다하겠습니다.

새벽 청소

〈2021. 12. 3〉

새벽 산행 대신에 낙엽 쓸기에 나섰습니다.

낙엽을 밟는 일은 낭만일 수 있지만 낙엽을 쓸고 치우는 일은 매우 고됨을 느낍니다.

나의 1호 공약 인천발 KTX

〈2021. 12. 7〉

오늘 인천발 KTX 비전선포식이 있었는데, 인천 시민과 함께 축하합니다.

인천발 KTX는 제가 2014년 인천시장선거에 출마하며 냈던 1호 공약입니다.

당시 저는 인천시장으로서 제가 가진 역량을 총동원하여 이 국책사업을 2년 만에 예비타당성조사를 통과시켰고, 더욱이 285억의 국비예산까지 확보하며 2021년에 차질없이 개통하겠다고 인천시민들께 약속드렸으며, 2018년 김현미 국토교통부장관도 똑같이 발표했습니다.

그 후 민선 7기 인천시장 인수위에서 인천발 KTX 개통 연기 발표가 있었고, 참으로 아쉬움을 갖지 않을 수 없었습니다.

어쨌든 앞으로는 인천에서 KTX를 타고 전국 주요 도시를 1~2시간대에 가게 될 것이라고 생각 하면서, 저의 1호 공약이 이제 현실이 된다는 기대에 큰 보람을 느낍니다.

연탄 나눔 지게를 지고

〈2021. 12. 10〉

'사랑의 연탄 나눔' 봉사활동을 하면서 어려운 이웃들에게 따뜻한 온기가 전해지기를 바라는 마음을 가져봅니다.

후원해주신 화물 운송자동차협회와 연탄은행 관계자 분들께 감사드리고, 오늘 수고해주신 봉사자 여러분들 수고 많으셨습니다.

현장 민원청취

〈2021. 12. 15〉

올해도 보름 정도밖에 남지 않았습니다.

저는 오늘 하루, 인천 서구 석남3동에서 연탄을 나르며 소외된 지역에 온기를 더했습니다.

이어서 서구 보훈회관에서 유공자분들에 대한 감사함과 애국심을 마음에 다시 새기고 따끔한 질책의 말씀도 들었습니다.

또 서구노인복지관에서 노인회장님, 복지관장님과 아직 우리 지역사회에 만연한 어르신들의 고충에 대한 민원을 들었습니다. 또한 학교 운영위원 학부모님들과 아이들 교육문제와 육아에 대한 진솔한 얘기도 나누었습니다

이제 얼마 남지 않은 2021년입니다.

많은 분들이 고생한 해이자, 밝은 미래로 나아갈 시기입니다.

많은 분들의 노고로 만들어진 대한민국에 다시금 희망을, 정의를, 국민을, 나라를 살리는 한 해가 다가왔으면 좋겠습니다.

청년들과의 대화

〈2021. 12. 17〉

당원협의회 청년 연수를 통해 청년들의 좋은 이야기를 많이 들었습니다.

일방적인 강의가 아닌, 청년들과 질의응답을 하는 식으로 진행하면서 진정한 소통의 자리를 가졌습니다.

우리 인천의 2030 청년들이 가진 걱정, 미래에 대한 막연한 불안함, 여러 갈등의 문제와 정권교체에 대한 열망….

그럼에도 불구하고 우리가 이런 현상들을 어떻게 해소해나가야 할지에 대한 논의까지….

끝없이 이어지는 질의응답과 토론, 그 열의에 시간이 어떻게 간지도 몰랐습니다.

청년들과 이야기하다 보면 빠르게 변화하는 세상에 대해 깊이 공감할 수 있고, 저도 많이 배울 수 있는 것 같아 항상 즐겁습니다. 또 청년들의 걱정에 공감도 됩니다.

저와의 대화가 청년들에게 위로가 되고 용기를 가지는 자리가 되었기를 바랍니다.

청년 여러분! 그래도 여러분이 희망입니다!
파이팅!!

시민들을 만나고 갖는 심정

〈2021. 12. 23〉

오늘도 현장의 소리를 들어보았습니다. 연수구노인복지관, 보훈회관에서 어르신들을 만나 뵀습니다. 오늘의 대한민국을 있게 하고, 지켜오고, 성장시켜주신 주역분들이십니다.

국민의힘 연수을 당원들을 만나 정권교체의 당위성과 우리의 각오를 다지는 자리도 함께했습니다. 송도 입주자 대표회의, 연수구 아파트 연합회도 방문하여 지역의 목소리도 귀담아 들었습니다.

어렵지 않은 곳이 없습니다. 지금 대한민국의 현실이 너무나도 참담하지만 모두 정신 차리고 우리가 나아가야 할 길과 가치를 생각해야 합니다.

박근혜 전 대통령 사면을 환영하며

〈2021. 12. 24〉

박근혜 대통령께서 사면이 되어 자유로움을 되찾게 되었음을 환영하고 다행스럽게 생각합니다.

영어의 몸으로 지내 온 혹독한 지난 세월을 생각하면 아직도 가슴 아픈 일들을 지울 수 없지만 이제 건강을 회복하셔서 여생을 행복하게 지내시길 바랄 뿐입니다.

워낙 강인한 정신력을 갖고 계신 분이기 때문에 지금까지의 고통도 감내해 오셨듯이 앞으로도 굳은 의지와 신념으로 더 좋은 삶을 만들어 가시리라 믿습니다.

국민을 사랑하는 마음도 여전하시리라 생각합니다.

하루빨리 쾌차하셔서, 자유롭고 행복한 삶 찾게 되시길 소망하는 국민들의 응원도 잊지 마시고 더욱 힘내시기 바랍니다.

고향 동구 중구를 방문하고

〈2021. 12. 27〉

갑자기 찾아온 매서운 추위 때문에 귀가 아리는 날씨입니다.

오늘은 인천시민의 마음의 고향이자 제 고향인 동구와 중구를 방문했습니다.

아침에는 독거 노인분들에게 드리는 쌀 전달식에 참여했습니다. 홀로 보내는 겨울이 춥지만은 않길 바랍니다. 근처에 간 김에 자유공원에 들러서 과거 이곳에서 서해 바다를 바라보며 꿈을 키웠던 학창시절을 생각해보기도 했습니다.

신포시장과 송현시장을 방문하여 상인회 임원분들을 통해 시장 상인분들의 고충을 들었습니다. 자영업자분들이 살아야 시장 경제, 서민 경제가 살아납니다.

인천여상 재건축조합 임원간담회에 참석하고 현장을 둘러봤습니다. 무너진 폐건물처럼 마음이 허물어집니다.

중구, 동구 원도심에도 눈이 내립니다. 마음과 몸 모두가 따뜻한 겨울이 됐으면 좋겠습니다.

생활 현장 방문 후기

〈2021. 12. 31〉

어제 한 해가 저물어 가고 있는 연말의 생활 현장을 찾아보았습니다.

잘못된 경제정책으로 어려움을 겪고 있는 남동공단 내 중소기업을 방문하여 위로의 말씀을 드리지 않을수 없었습니다.

반기업 반시장 정책으로는 기업성장도 나라발전도 이루어질 수 없습니다.

이어 소래포구 어시장을 찾았습니다.

시장재직시절에 이곳에 화재가 발생하여 새벽에 뛰어나왔던 기억과 함께 소래어시장을 현대화하는 전화위복의 기회로 만들었던 일을 생각하면서 깨끗해진 어시장의 변화를 보았지만, 코로나로 여전히 어려움이 끝이지 않아 안타까울 따름입니다.

인근에 조선후기 대표적 실학자이며 남동구 지역 출신인 '소남 윤동규의 날' 행사가 개최되고 있는 소래아트홀을 방문하여 윤동규 선생의 '백성 사랑'의 뜻을 기렸습니다.

이어서 탈북민 자립센터인 '통일 한울회'를 방문하여 민원 사항을 경청하고 위로와 격려의 말씀을 드렸고, 만월종합사회복지관과 사회복지사협회를 방문하여 묵묵히 사회 복지를 실현하고 계신 분들의 노고에 감사의 말씀을 드렸습니다.

이제 2021년이 하루밖에 남지 않았습니다.

올해도 잘 마무리 하시고 특히 추운 날씨에 건강에 유의하시기 바랍니다.

그래도 희망입니다.

임인년엔 바꿔야 삽니다

〈2022. 1. 4〉

바꿔야 삽니다.

새해 아침부터 국민 가슴이 뚫리고 있습니다.

코로나 방역도 뚫리고, 철책선도 뚫리고, 정권교체의 부푼 열망마저 구멍이 뚫려 터질 위기입니다.

이런 상황임에도 불구하고 우리는 반드시 막아야 할 일이 있습니다. 모리배와 같은 집단의 정권 연장, 국고를 마구잡이로 낭비해 국가의 미래를 좀먹는 일을 막아야 합니다.

올해는 '선택의 해'이고, '바꿔야 한다'

신년 인사차 사무실을 찾는 분들께 제가 던진 신년 메시지입니다.

그래야 우리의 앞날이 있고 행복이 있습니다.

대의를 위해 사사로운 감정부터 바꿉시다. 바꿔야 삽니다.

정권교체! 돌격 앞으로

〈2022. 1. 7〉

이제는 돌격 앞으로!

최근 얼마나 많은 애국 시민들로부터 걱정과 한탄을 넘어 분노하는 말들을 들어 왔는지 모릅니다.

간절함으로 바라온 정권교체에 대한 우리의 기대와 희망이 여기서 멈추는 것 아닌가 하는 불안이었습니다.

어젯밤 윤 후보와 이 대표의 극적 갈등 봉합으로 이제 희망은 다시 시작되었습니다. 윤 후보의 말대로 지금까지의 일들은 다 잊어버립시다.

더이상 관전평은 하지 말고 우리 모두가 전투 요원으로써 나라 살리는 일에만 올인 합시다.

정권을 바꿔야 한다는 국민 열망이 이토록 높은 상황에서 기본자격이 안 되는 이재명을 이기지 못한다면 천추의 한이 될 것이고, 우리 대한민국은 망하게 된다는 것을 명심하면서 심기일전, 분골쇄신하여 새로운 희망을 만들어 갑시다.

그래도 희망입니다!!

윤석열 후보와 남동공단에서

〈2022. 1. 10〉

윤석열 후보가 인천을 방문했습니다.

혼자 가면 빨리 가지만, 함께 가면 멀리 갑니다.

정권교체라는 눈앞의 목표에 우리는 다소 서둘렀고 넘어지기도 했습니다. 하지만 진정한 목적은 정권교체를 이룬 뒤, 대한민국을 살리는 일입니다.

그러기 위해 우리는 국민과 '함께', '멀리' 가겠습니다.

오늘 윤석열 후보는 인천시민과 함께 가길 약속했습니다.

시민들의 염원에 보답하고 숙원을 풀기 위해 저도 함께합니다.

인천시민과 함께, 멀리 갑시다.

책을 마치며

국민이 편안하게 살도록 하는 정치!

나는 이 길을 가고자 한다.

정직을 바탕으로
권력의 힘이 필요한
낮은 곳의 국민을 위해

거친 손을 맞잡고 함께 가는
참 정치를 하고자 한다.

나라의 주인은 국민이기 때문이다.

WhoWhatWhy.유정복.com

지 은 이 : 유정복

초판 1쇄 : 2022년 2월 10일

초판 2쇄 : 2022년 2월 17일

초판 3쇄 : 2022년 4월 30일

발 행 인 : 양원석

발 행 처 : DH미디어

디 자 인 : 최경준

등록번호 : 288-58-00294

전　　화 : (02)2267-9731

팩　　스 : (02)2271-1469

가　　격 : 20,000원

ISBN 979-11-90021-36-4 03040

※ 잘못 만들어진 책은 구입처 및 본사에서 교환해 드립니다.